Tae Søren

THE FIVE SCROLLS

The Sang o Sangs

Ruth

Lamentatiouns

Qoheleth

Esther

owerset frae the Hebrew intil Scots by

Hugh S. Pyper

Aye mi luve

[signature]

British Library Cataloguing in Publication Data:
a catalogue record for this publication
is available from the British Library

ISBN   978-1-912052-79-0

© Hugh S. Pyper 2023

Typeset in 12pt Minion Pro at Haddington, Scotland

Printed by Bell and Bain, Glasgow

Commendations

Although we now have the benefit of several Scots translations of the New Testament, the Old Testament by comparison has received too little attention. But in rendering *The Five Scrolls* into Scots, Professor Hugh Pyper has placed us greatly in his debt. A distinguished scholar of the Hebrew Bible and a native Scot, he has shed fresh light on these ancient texts. His accomplished translation also attests the resonance and power of the Scots language – it deserves to be widely read both in private and in public.

David Fergusson, Regius Professor of Divinity,
University of Cambridge

This is a hertsome darg frae a canny scholar, kent for his perjink owersettins. Hugh Pyper hes gane ayont ruise wi this latest ettle, takin thae five buiks o the Bible cried the Megilloth an transformin them frae their oreiginal Hebrew intae guid Scots. Whiles poetic, whiles couthy, these skeely owersettins sing tae the warld o the wiselike set o Scots as a leiterary leid.

Elaine Morton

Hugh Pyper's translation of five of the most intriguing books of the Hebrew Bible demonstrates that while there may be 'a time fur haudin yer wheesht', there is also 'a time fur talkin', in the inimitable words of Qoheleth. Pyper brings fresh energy to familiar texts, surprises the reader with new connections between Hebrew and Scots, offers his readers a treat for ear and eye.

Alison Jack, Principal,
New College Edinburgh University

There is no modern Scots version of the Old Testament translated directly from the original Hebrew. Few would-be translators have enough fluency in both languages, but Hugh Pyper has it in spades. Scots and English are sister-languages for sure, but this sparkling translation should lay to rest any idea south of the border that Scots is just a northern dialect of 'real' English. In the Song of Songs, the lover stands 'keekin in the winnock' (English: looking in the window), and in spring he can hear 'the croodlin o the cushie-doo' (English: voice of the turtle-dove). These are not minor variations of some supposed English base, but expressions of a language with its own distinctive vocabulary. Hugh Pyper's version of the five scrolls is a joint celebration of the beauty both of these texts in Biblical Hebrew, and of his own native tongue.

John Barton, Emeritus Oriel & Laing Professor of the Interpretation of Holy Scripture, University of Oxford

A braw unnertackin, a kin o mervel at cairries a deep thochtiness, a buik fu o leir and experience, at's mair leiteratur than dogma, a finisht wark at maks the Scots leid 'grouw new weings' (the phrase is Kenneth Farrow's, wreitin o John Law's modrenisation o Gavin Douglas's *Eneados* – in Lallans 78). It's a skinklin wark, a byordnar owersettin, Pyper at aa pynts wechtin his wirds graithlie, gleg ti whit Wullie Dunbar ca'ed the 'Quykkined speche' o Scots. The author has put his haund ti the plooch, and turned up rich sile.

Sam Milne
Freelance writer (ex teacher) frae Aiberdeen

Contents

Efter ilka buik ye wull find a cutty comment,
whiles informative, whiles provocative,
reflectin oan the buik an its owersettin

The forebrod o the buik maks uiss o a pentin o the Callanish Stanes
by Andy Peutherer, by kind permission o the airtist
https://www.scottishlandscapepainting.co.uk/

Forespiel

Tae ma knawledge, nae complete owersettin o the Hebrew Bible, or Auld Testament, intae Scots frae the original Hebrew hes ivver been forthset. The *Doric Aul Testament* o Gordon M. Hay, forthset in 2023, a maisterfu labour o luve for the couthy Scots o the Nor-East, is foondet on English versions as is the skeely Scots renderin o the Auld Testament by James Scott Marshall that bides yet unforthset i the library o St Andrews University. A puckle buiks o the Bible in Scots hae kythed frae time tae time, but the feck o them hae been owerset frae English versions. The fowk wha micht hae produced a Scots Bible in the Reformatioun didna hae that as their priority. The Scots Reformers hed their een oan a reformed Britain, no juist Scotland. Mony o them hed trauchlet ower the Geneva Bible an hed mair tae dae than owerset the hale thing again, gien that ony Scots wha cuid read cuid mak dae wi English. Thereafter, King James VI commissiont his new version tae unite his twa kingriks an tae ding doun the Geneva Bible wi its fuitnotes that biggit up the richts o the fowk tae depose tyrants. The lest thing he needit wis a separate Scots Bible.

Sae why noo? The dauntin but hertenin exemple o William Laughton Lorimer's owersettin o the New Testament in Scots is ma inleid. In the forespiel by his son tae his owersettin, it is made clear that he hed nae religious intent in his wark. It wis the Scots leid that he socht tae pit forrit. The fact that readers o a Scots New Testament wad hae a feck o English owersettins available tae them wis a virtue fur him; the fact that it wes sae weel-kent meant that he cuid dig intae the deepins o the vocabularie an turns o phrase o Scots tae shaw the rowth o the leid tae those wha werena at hame wi it. His focus wis the leid; the biblical text wis the maist fittin vehicle fur his purpose. It wis a welcome but secondary conseederatioun that his owersettin cuid aince mair mak caller biblical tales an sawes that were ower weel-kent an hed tyned their abilitie tae surpreese or shock. He ettelt tae shaw that Scots can match the fouthiness, soupleness an pithiness o Greek; in aa humilitie, ma aim hes been tae shaw the same fur Hebrew.

Aiblins unexpectitly, I hae fund the Scots versions tae be a haundy tuil fur teachin. Mony years o learin fowk o aa kins frae kirk groups tae postgrauduate students is ahint these versions. These days, English spikkers aften ken nae leid but their ain an sae canna easily gresp whit it means that the Bible is owerset, let alane unnerstaun the problems that owersettin an auncient Semitic leid like Hebrew micht pose. Readin in Scots can gie them a wee tastie o the need tae warstle a meanin frae a text an that ither leids micht no juist map ontae English in grammar, syntax an vocabularie. The music o Scots, wi its rouch gutturals, sherp consonants an pure vowels, is a bittie mair sib tae the soonds o Hebrew than Standard English is. Ilka leid – ilka byleid – hes its ain savour an feel in the mou, near unpossible tae reproduce in ony owersettin, but Scots can gie a mintin at the savour o Hebrew.

Thon brings us tae the pertinent question: whit dae we mean by 'Scots'? There's a feck o dialects frae Gallowa tae Shetland an ayont; nane hes been designatit the staundart form o literary Scots an nane o them hes a spellin aa agree wi. In this owersettin, I am no ettlin tae pit forrit the text in onyane's daily-day byleid. Forbye, the Hebrew o the Bible is no ettlin tae represent the speak o the fowk o thon days. We canna ken shuirly hou fowk wha cuidna screive micht hae spoken, but, certes, naebody spak 'Qoheleth' ony mair than onyane spak 'Shakespeare' or 'Dunbar.' Even whan thae buiks were scrieved, Hebrew itsel wis becomin mair an mair the tongue o scholards an the haly, no fur daily daeins. Like aa scrievers, the scrievers o the Bible borraed, inventit an played wi their leid; they lippend tae the soond an muisic o wirds an speilit wi the ambiguities o their meanins. I hae ettlet at follaein them tae shaw that, aabeit the spieler micht be wantin in skeel, the instrument, the Scots leid, hes the resources tae match the model.

Ma ain bairnheid wis passt in Edinburgh, mairower in Morningside, wi aa that means fur ma linguistic environs, but ma paurents baith kent an lued Scots. Ma faither read tae us frae Scots poets an sangs an ma mither wis the dochter o a Fife fairmer an hed a rich store o Scots words an phrases ahint her gentilitie. Ma Scots is the product o thon heritage an o wide readin in Scots literature o different eras. Whiles I hae takken pleisure in makin uiss o aulder or hauf-misglimmit wurds whan the soond or the concept seemit tae caa fur them. We dae nou hae the michtie resource o the *Dictionars o the Scots Leid*; whan in dowt oer a spellin, I hae maistly chosen tae follae their recommendations, wi thankfulness fur aa the wark that gaes intae pittin them furth.

Mony ithers are mair leart in Scots; mony ithers are scholarts o Hebrew weel ayont ma skeel. Thir days, no that mony, houever, ken baith leids. Whit I bring, I hope, is a luve baith o the tales an the poetry o the Hebrew Bible an o the soond an savour o Scots. Gin these versions awauken in ony reader a glint o sic a luve o either or baith, I wull be weill pleased.

The Five Scrolls

I hae chosen tae stert the owersettin wi the Five Scrolls, or, i the Hebrew leid, *Megilloth*. They are five cutty buiks frae the Bible, short eneuch tae be read hale at a sittin, aften appearing thegither in Jewish manuscripts. Ilkane is associate wi a major fest o the Jewish year, leastwise amang the Ashkenazi community: Sang o Sangs wi the Passower, Ruth wi the Fest o Weeks, Lamentatiouns wi the Ninth o Av, Qohelet (or Ecclesiastes) wi the Fest o Bothies, an Esther wi Purim.

They offer a varit swadge o literary forms. Sang o Sangs is a collect o lyrical an passionate luve-poems whaur assonance an alliteration lend tae the lilt. Ruth is a couthy ilka-day tale o kintra weemenfolk, maist by-ordinar in auncient scrievins, wi mair subversion tae it than at first seemin. Lamentatiouns mells its mane o dule wi the tichtest o poetic forms in Hebrew, the alphabetic acrostic. No mony are daft eneuch tae try copyin thon in an owersettin, but here I've had a shottie. Qohelet is aften pit wi the buiks o wicheid, but its sateerical wit unnercuts easy platitudes. It's mair a thocht-experiment tae compare wicheid an daftness concluding that daftness is the ae thing wicheid can nivver git its heid around – sae which is best? Esther is a pawkie an sonsie fowk-tale whaur an unkent lassie's mense maks her a queen an Haman the limmer, like Deacon Brodie, is hangit frae his ain gibbet.

I canna dae better here than end this forespiel by quotin the 'inleit' tae a maisterfu act o owersettin by Derrick McClure in pittin Sorley Maclean's *Sangs o Eimhir* frae Gaelic intae Scots. He cries back tae the doyen o Scots owersetters, Gavin Douglas, an his *Aeneid*. Aa he says here meets ma aims if no ma achievement an sums up a feelin that I hae otherweys socht tae catch in ma ain imagined epitaph: 'Here ligs Hugh S. Pyper: fur want o onyane better.'

Sae here are McClure an Douglas, my ensamples:

An I hae walit my wird-huird frae the fou rowth o the Scots tung. Gin whiles tae mak a rhyme, or whiles tae expreme a thocht, I hae inpitten a wird no eith tae finn in mony mous the day, thon's nae ill-daein . . . The wird-huird o Scots is braw an fouthie, as makars sen Barbour hes funn . . . An the owersettin o mauchtie wards in ither leids hes been a ploy o Scots makars sen the skeiliest owersetter o hus aa, Gavin Douglas, pit the Aeneid intae the mither tung . . .

Gin the owersettins inhauden in this buik disna dae justice tae thair originals, it is

. . . Nocht for that Scottis is in the selvyn skant,
but for that I the fouth of langage want . . .

an gin that soud be sae, nae dout thare mony a craftier screever can win tae dae whit I coudna. Tae thaim I say, wi Gavin Douglas,

Quha can do better, sa furth, in Goddis name!

Acknawledgements

I maun gie credit tae the mony teachers, colleagues an students wha hae taucht me tae read an better unnerstaun these by-ordinar texts ower mony years. Ane stauns oot amang them: the late Professor Robert P. Carroll, an tae him this buik is dedicate. Derrick McClure gied his time and maistery o the Scots leid wi guidwill, an I am thankrif fur the hertnin wurds o those wha commented oan the feenisht text. Ony fauts an failins are ma ain. Especial thanks to Fiona Duff fur her wark in publicisin the buik and tae Andy Peutherer fur the use o his pentin. Last but no least, Jock Stein as forthsetter hes fordert this wark cannily an eydently as is his wey; there wid be nae buik wiʼoot him.

In memoriam Robert P. Carroll (1941-2000)
Teacher; mentor; freend

The Sang o Sangs

1

The Sang o Sangs that is Solomon's.

[The lass]

Lat him kiss me wi the kisses o his mou!

– fur better yer luve nor wine.
The waft o yer iles is better nor parfume;
yer name's like scent tuimed oot,
sae the lasses lue ye.

Hale me efter ye, lat's haste awa!
The king hes brocht me tae his chaumers.
Lat us enjey an rejyce in ye,
caa tae mind yer luves wi wine;
richtly dae they lue ye.

Black am I an bonnie,
dochters o Jerusalem,
like the tents o Kedar,
like Solomon's hingings.
Dinna glower at me acause I'm daurk,
acause the sun hes gauped at me.

Ma mither's sons were het agin me;
they gart me gaird the vineyairds,
but ma ain vineyaird I didna gaird.

Tell me, luve o ma life,
hou ye feed them,
whaur ye lat them lig at nuin,
sae I'm no left stravaigin
amang the hirsels o yer freends.

[The dochters]
Gin ye dinna ken, bonniest o lasses,
awa an follae the cluifmerks o the yowes
an graze yer kids
amang the tents o the hirds.

[The lad]
Tae a mare in Pharoah's chariots
I've likent ye, ma maik.
Yer haffets are braw wi pleats,
yer hoose wi strings o jowels.
Wreaths o gowd we'll mak fur ye
wi spreckles o siller.

[The lass]
While the king wis oan his divan
ma nard gied oot its scent.

A tait o myrrh is ma luve tae me,
ludged atween ma breists.

A cluster o henna flooers is ma luve tae me,
frae the vineyards o En-Gedi.

[The lad]
See you, ma maik! See you, ye're that bonnie!
Yer een are doos.

[The lass]

See you! It's ye that's bonnie, ma luve;
whit's mair, sae lichtsome;
whit's mair, oor bed is caller.

The bauks o oor hooses are cedar,
the rachters cypress.

2

A rose o Sharon am I,
a lily o the glens.

[The lad]

Like a lily amang thrissels
is ma maik amang the dochters.

[The lass]

Like an aipple-tree amang the trees o the wids
sae is ma luve amang sons.
I lang tae bide in his shade
an his fruit is sweet tae ma taste.
He brocht me tae the hoose o wine
an his banner ower me wis 'Luve'.

Herten me wi raisin-cakes,
caller me wi aipples,
fur I'm asoond wi luve.

Wid that his left haun wis aneath ma heid,
his richt airm embracin me!

I chairge ye, dochters o Jerusalem,
by gazelles an daes in the straths,
dinna wauken or rowst up luve
withoot it lists.

Ma luve's vyce!
Leuk, here he's comin!
Loupin ower the bens,
linkin ower the knowes,
Ma luve's like tae a gazelle
or tae a young stag.
Leuk nou, thon's him, staunin ahint oor wa,
keekin in the winnock,
watchin thro the tirlis.

Ma luve answert an spak tae me sicweys:
'Up wi ye, ma maik,
ma bonnie ane, come awa!
See nou, winter is ootgane,
the rains are throu an duin,
blossoms hae kythed in the kintra,
the time o singin hes come.
The croodlin o the cushie-doo
is heard in oor land.
The green figs ripen oan the tree,
the blossomin vine gies oot its scent.
Up wi ye, ma maik,
ma bonnie ane, come awa!
Ma doo in the rifts o the rock,
cooried in the craig;

lat me see yer kythin,
lat me hear yer vyce,
fur yer vyce is sweet,
yer kythin luesome.'

Catch us the tods,
the wee tods, rypers o vineyards;
oor vineyard is blumin.

Ma luve is mines an I am his
wha brouses amang the lilies.
Whan the day souchs
an the shaddas flee,
turn, ma luve,
like a gazelle or young stag
ower the cleughs o the hills.

3

Ilka nicht oan ma bed
I hae socht the luve o ma life;
I socht, but cuidna find him.

I maun rise an gae roond the toon;
throu streets an squares,
I maun seek the luve o ma life!
I socht, but cuidna find him.

The watch fand *me*
as they gaed roond the toon;
'Hae ye seen the luve o ma life?'
I hadna but passed them
when I fand the luve o ma life.

I catcht ahaud o him an widna lowse him
til I brocht him tae ma mither's hoose,
tae the chaumer o her wha conceived me.
I chairge ye, dochters o Jerusalem,
by gazelles an daes in the straths,
dinna wauken or rowst up luve
withoot it lists.

Whit's this, comin up frae the desert
like columns o reek
parfumed wi myrrh an frankincense,
aa the pouders money can buy?
Leuk! It's Solomon's litter;
saxty michty men are roond it
frae the michty men o Israel,
aa skeely wi the claymore,
wice in battle,
ilkane wi his swuird at his side
agin the nichts' frichts.

King Solomon made himsel a palanquin
o wid frae Lebanon.
Its posts he made o siller,
its claiths wi gowd,
its cushin o purpie stuffs;
benmaist, it wis inlaid wi wallie stanes.

Awa oot, dochters o Jerusalem,
and leuk, dochters o Zion,
oan King Solomon
i the croon his mither crooned him wi
oan his waddin-day,
the day his hert wis blythe.

4

[The lad]

See you, ma maik, ye're bonnie,
aye, ye're bonnie!
Yer een are like doos
ahint yer veil.
Yer hair is like a hirsel o gaits
trinklin doon Ben Gilead,
yer teeth like a hirsel o shorelin yowes
comin up frae the wash,
aa wi twins,
nane haein tint a lamb.
Yer lips are like a threid o crammasie,
yer mou is luesome;
yer haffet ahint yer veil
like a scliff o pomegranate.
Yer hause is like the Tooer o Dauvit:
biggit in tires,
hung wi a thoosan shields,
aa the targes o michty men.

Yer twa breists are like twa fownes,
twins o a gazelle,
brousin amang the lilies.
Whan the day souchs
an the shaddas flee,
I wull mak fur the mount o myrrh,
fur the brae o frankincense.

The hale o ye is bonnie, ma maik,
there's nae faut in ye.
Wi me frae Lebanon, ma bride,
frae Lebanon wi me, come!
Come frae the taps o Amana,
frae the taps o Senir an Hermon,
frae the dens o lions,
frae the lairs o libbards.

Ye hae taen ma hert,
ma sister, ma bride.
wi ae glint o yer een,
ae gem o yer necklace.

Hou sweet is yer luve
ma sister, ma bride!
Hou muckle better yer caresses nor wine;
yer iles are mair fragrant
nor ony spice!
Hinnie draps frae yer lips, ma bride,
hinnie an milk are aneath yer tongue,
an the scent o yer claes
is as the scent o Lebanon.

A lockit gairden is ma sister, ma bride,
a lockit gairden an a sealt spring.
Yer rinnals, thon o an orchart o pomegranates
an aa delytesum fruits,
o henna an nard,
nard an saffron,
sweet cane an cinnamon,
wi ilka incense tree,
myrrh an aloes—
aa the heidmaist parfumes.
Gairden spring,
waal o leevin water
flowin doon frae Lebanon!

[The lass]

Up wi ye, nor' wind,
come, sooth wind;
blaw oan ma gairden
sae its parfume micht spreid.
Lat ma luve come tae his gairden
an feast oan its delytesum fruits.

5

[The lad]

I hae cam tae ma gairden
ma sister, ma bride;
I hae gaithert ma myrrh an spice,
eaten ma hinnie an hinniekame,
drucken ma wine an ma milk.

[The dochters]

Eat, ye maiks, an drink;
drink yersels fou wi love!

[The lass]

I wis sleepin
but ma hert wis waukrife;
the dunt o ma luve chappin!

'Appen fur me, ma sister,
ma maik, ma perfit doo!
Fur ma heid is droukit wi dew,
ma locks wi the smirr o nicht.'

I hed cuisten aff ma kirtle;
hou shoud I pit it oan again?
I hed washt ma feet;
hou shoud I fyle them again?

Ma luve raxed his haun intae the thirle
an ma intimmers tirlt ower him.
I rase up tae appen tae ma lover;
ma hauns drappit wi myrrh
(ma fingers rinnin wi myrh)
oan the haunles o the sneck.

I appent tae ma luve,
but ma luve hed turnt an wis gane.
Ma breith left me acause o him.
I socht him, but didna find him.
I cried oan him, but he didna answer.

The watch fand me
as they gaed roond the toon;
they cloutit me, they woundit me,
they teuk awa ma plaid,
thae gairds o the waas.

I chairge ye, dochters o Jerusalem,
gin ye find ma luve, whit are ye tae tell him?
– that I'm asoond wi luve.

[The dochters]

Whit wey is yer luve no like ither luves,
bonniest o lasses?
Whit wey is yer luve no like ither luves
that ye chairge us sicweys?

[The lass]

Ma luve is splendent an reid-avised,
kenspeckle amang ten thoosand.
His heid is gowd, pure gowd,
his locks are tousie
an black's a corbie.
His een are like doos
at the waterside,
doukit in milk,
ruistin by a lippin lochan.
His haffets are like beds o spices,
poorin oot perfume,
his lips like lilies
drappin wi rinnin myrrh.

11

His hauns are rods o gowd
set wi Tarshish stanes,
his wame a taiblet o eevory
adornt wi lapis lazuli;
his shanks, pillars o marble
set in sockets o gowd.
His kythe is like Lebanon,
chice as its cedars.
His mou is sweet;
the hale o him is lichtsome.
Thon's ma luve,
thon's ma maik,
dochters o Jerusalem!

6

[Dochters o Jerusalem]

Whaur hes yer luve gane,
bonniest o lasses?
Whit wey hes he turnt?
Lat us seek him wi ye.

[The lass]

Ma luve hes gane doon tae his gairden
tae the beds o spices,
fur tae brouse in the gairdens
and gaither lilies.
I am ma luve's
and ma luve is mine.
He brouses amang the lilies.

[The lad]

Ye are bonnie, ma maik, as Tirzah,
fair as Jerusalem,
braw as their awesomeness.
Turn yer een awa frae me
fur they owercome me!
Yer hair is like a hirsel o gaits
trinklin doon frae Gilead,
yer teeth like a hirlsel o shorelin yowes
comin up frae the wash,
aa wi twins,
nane haein tint a lamb,
yer haffet ahint yer veil
like a scliff o pomegranate.

Saxty queens there are,
echty concubines,
an lasses wi'oot nummer;
ane alane is ma doo,
ma perfite ane,
her mither's anely ane,
lichtsome tae her that buir her.
Dochters saw her an cried her weel-luckit
(queens an concubines), an praised her.

Wha's this, leukin doon like the dawin,
fair as the muin,
lichtsome as the sun,
braw as their awesomeness?

[The lass]

I gaed doon tae the nut-gairden
tae see the greenin o the glen,
tae see the buddin o the vine,
the bluimin o the pomegranates.
Wi'oot me kennin,
I wis placed in the chariot o ma prince.

7

[The dochters]

Come back, come back,
Shulammite!
Come back, come back,
sae we micht leuk oan ye.

[The lass]

Hou ye leuk oan the Shulammite
as on the dance o twa airmies!

[The lad]

Hou bonnie are yer feet in sannels,
noble dochter!
The curves o yer hurdies are like jowels,
the wark o a maister's haun.

Yer nael is a roundit quaich –
micht it no be wantin a willie-waught! –
yer wame, a heap o wheat
bordit wi lilies.
Yer twa breists like twa fownes,
twins o a gazelle.
Yer hause is like a tooer o eevory,
yer een, puils in Heshbon
by the yett o Bath-rabbim,
yer neb, the tooer o Lebanon
that leuks oot tae Damascus.

Yer heid sits atap ye like Carmel
an the hair o yer heid is [rich as] purpie;
a king is claucht in its locks.
Hou bonnie ye are, hou fair,
luve, in aa yer pleisures!
Thon statur o yours is like tae a palm tree,
an yer breists like clusters.

Quo I, 'Lat me sclim the palm,
lat me gresp its brainches.
Please, lat yer breists be like clusters o grapes
an yer breith like the scent o aiples
an yer mou like the best o wine,
flowin tae ma luve smuithely,
snuvin ower lips an teeth.'

[The lass]

I am ma luve's
and fur me is his desire.
Come, ma luve,
lat's awa tae the fields;
lat's ludge the nicht amang the henna-busks.
Lat's gang betimes tae the vineyards,
lat's see gin the vine is buddin,
gin its blossom hes appent,
gin the pomegranate hes bluimed.
There wull I gie ma luve tae ye.
The luve-aiples gie their fragrance
an at oor doors are aa the wale [o fruits],
new as weel as auld.
Ma luve, I keepit them fur you.

8

[The lass]

Gin ye were but a brither tae me
wha soukit at ma mither's breists,
than I wid find ye in the street
an kiss ye
an nane wid scorn me.
I wid lead ye, I'd bring ye
tae ma mither's hoose,
tae the hoose o her that buir me.
I'd lat ye drink frae the spiced wine,
frae ma pomegranate juice.

Wid that his left haun wis aneath ma heid,
his richt airm embracin me!
I chairge ye, dochters o Jerusalem,
by gazelles an daes in the straths,
dinna wauken or rowst up luve
withoot it lists.

[The dochters]

Wha's thon, comin up frae the desert,
leanin oan her luve?

[The lass]

Aneath the aiple-tree I rowsted ye,
whaur yer mither conceived ye,
whaur she wha buir ye conceived ye.
Place me like a seal oan yer hert
like a seal oan yer airm,
fur luve is michty as daith,
devotion thrawn as Sheol.
Its flauchts are flauchts o flame,
an almichty fire.
Mony watters cannae slocken luve
nor rivers droun it.
Gin a man gied the walth o his hoose fur love
he wid be throuly mockit.

[The dochters]

We hae a wee sister
wi yet nae breists;
whit wull we dae fur oor sister
the day she is spoken fur?
Gin she is a waa,
we'll big oan it a sconce o siller.
Gin she is a door
we'll brace it wi baurs o cedar.

[The lass]

I am a waa;
ma breists are like tooers.
Sae, I hae become in his een
like ane wha brings peace.

[The lad]

Solomon hed a vineyard
in Baal-hamon.
He gied the vineyard tae keepers.
Onyane wid gie a thoosand siller pieces
fur its fruit.

Ma ain vineyard is afore me.
The thoosand's yours, Solomon,
an twa hunder tae the keepers o the fruit.

You that tarrae in the gairdens,
freends are hearkenin tae ter vyce;
lat me hear it!

[The lass]

Awa, ma luve,
an be like a gazelle or the fowne o a deer
oan the hills o spices!

Efterspiel

In *Sunset Song*, the first buik o Lewis Grassic Gibbon's trilogy *A Scots Quair*, the Sang o Sangs maks an appearance whan the young meenister preachin fur the kirk at Kinraddie taks it as his text. He explains it hes twa meanins. Firstly, it speaks o the luve atween Christ an the Kirk o Scotland, but secontly, it limns oot womanly beauty as a model fur the weemen o Scotland. Gibbon gaes oan, 'For it was fair tickling tae hear aboot things like that, read from a pulpit, a woman's breasts and thighs and all the rest o the things, in that voice like the mooing of a holy bull; and to know it was decent scripture with a higher meaning as well.'[1]

Thon passage soums up millennia o debates as tae hou sic a buik cam tae be i the scriptures o Judaism an Christianity. In ither contexts, there is nae doot it wad be read as a set o luve-sangs, recoontin the byplay atween a wumman an a man in beautifu, riddlin an suggestive imagery. Maist modern scholards see its oreegins in weddin sangs o the fowk.

Naethin wrang wi that, ye micht say, but hou does that mak it scripture? Weel, ithers wad sae, whit ye are missin is the *real* meanin. Luve is at its hert, but this human luve is a metaphor fur a spiritual relationship no atween a wumman an her leeman, but atween God an Israel, or God an the saul, or Christ an his kirk (no juist the Kirk o Scotland). Ither pairins hae been suggestit tae. Wis it screivit wi sic meanins in mind? Wha can tell?

Whit we dae hae is a by-ordinar sang wi mony unforgettable phrases, an an auncient text whaur we hear the vyce o a wumman wha is frank in speakin her luve. Noo we can speir 'Is this the vyce o a wumman, or the vyce a male baird is giein tae a wumman?' Assignin the vyces o the poem is no sae simple. Wha speaks an wha gied them the wurds tae say is fur the reader tae jalouse. Like luve itsel, the buik is no a problem tae be solved but an invitation tae a relationship we wull nivver be duin explorin.

---

1   Lewis Grassic Gibbon, *A Scots Quair* (Edinburgh: Canongate Books, 1995), 55.

Ruth

1

Nou in the days whan the juidges were daein whit juidges dae, there wis a faimin throu the laund. A chiel gaed doon frae Bethlehem o Judea tae bide in Moabite pairts: him an his guidwife an his twa sons. The chiel's name wis Elimelech, his wife's wis Naomi an his twa sons Mahlon an Chilion, aa Ephrathites frae Bethlehem o Judea. They cam tae Moabite pairts an that wis them there.

Elimelech, Naomi's man, up an died, sae that left her an her twa sons. They tak tae themsels Moabite weemen – the nem o the first wis Orpah, the nem o the second Ruth – an they aa dwalt there ten years. Then, wid ye credit it, baith o them died – Mahlon an Chilion – sae that left juist the wumman, wi'oot her man or her twa bairns.

Sae up she raise, her an her twa guid-dochters, tae gae back frae Moabite pairts, fur she'd heard, even in Moabite pairts, that Yahweh hed bethocht himself o his people an hed gien them fude. She set oot frae the place whaur she hed been, the twa guid-dochters wi her, an they teuk the gait tae win back tae the laund o Judah.

Naomi said tae her twa guid-dochters, 'Awa back wi ye, ilkane tae her mither's hoose, an Yahweh keep faith wi ye, the wey youse've duin wi ma dear deid yins an masel. Yahweh grant that ye find easedom in yer mithers' hames.' She kisst them an they liftit their vices an grat. They said to her, 'Whit's wi ye, that we sould turn back frae bein wi ye?' Naomi replied, 'Awa back, ma dochters; whit fur wid ye gang wi me? Are there mair bairns in ma wame tae mak ye guidmen? Awa back, ma dochters, awa ye gang. I'm ower auld tae be wi a man. Gin I said, "There's aye a chaunce," even gin I wis wi a man this vera nicht an gied birth tae laddies, wid ye hing aroon til they growed? Wid ye hing back frae bein wi a man? Naw, ma dochters, fur it's bitter I am acause o them; Yahweh hes raxed oot his haun agin me.'

They raised their vices an grat aince mair. Orpah kisst her guid-mither, but Ruth grippit ontae her. Sae she said, 'Leuk, yer guid-sister is awa back tae her fowk an her gods. Awa efter yer guid-sister!' But Ruth said, 'Dinna press me tae desert ye, tae turn back frae gangin efter you. Fur whauriver ye gang, I wull gang; whauriver ye ludge, I wull ludge; your fowk wull be ma fowk an your god ma god. Whaur ye dee, I wull dee an there wull I be yirdit. God dae sae tae me an mair if daith wull bring aboot a pairtin atween you an me.' Whan Naomi saw she wis that set oan gangin wi her, she quat speakin tae her. They gaed oan, the twa o them, til they wun tae Bethlehem.

Whan they did win tae Bethlehem, the hale toun wis in a richt stushie ower them. The weemenfowk said, 'Is yon Naomi?' But she said, 'Dinna cry me Naomi, cry me Mara [in Hebrew 'bitter'], fur the Aamichty hes made it gey bitter fur me. Fou wis I whan I left; Yahweh's brocht me back tuim. Hou can ye cry me Naomi whan Yahweh hes hauden me doon an the Aamichty hes duin me wrang?' Sae Naomi an wi her Ruth the Moabitess, her guid-dochter, cam back frae Moabite pairts. They wun back tae Bethlehem at the onset o the bere-hairst.

2

Nou, Naomi hed a kinsman oan her guidman's side, a weel-set-up an weel-thocht-o bodie frae Elimelech's clan; his nem wis Boaz.

Ruth the Moabitess said tae Naomi, 'Please, lat me gang intae the fields an glean amang the ickers o corn ahint a body that micht leuk oan me wi fauvour.' 'Aye, dochter, aff ye gang,' she replied, an aff she gaed. She cam an gleaned in a field ahint the reapers, and, by guid hap, she wis gleanin in a field o Boaz's, him that wis sib tae Elimelech. And, losh, here cam Boaz frae Bethlehem. He said tae the reapers, 'Yahweh be wi ye!' an they answer, 'Yahweh bless ye!' Boaz said tae his lad wha wis heidman o the reapers, 'Wha's is thon lassie?' The lad wha wis heidman o the reapers answer, 'She's a Moabitess, the ane that cam back wi Naomi frae Moabite pairts. She said, "Please lat me glean an gaither amang the sheafs ahint the reapers." She cam an hes been oan her feet frae morn till nou. She's haurdly restit in the bothy ava.'

Boaz said tae Ruth, 'Wull ye no tak tent, ma dochter? Dinna gang gleanin in ony ither field. Dinna strey frae here, but stick wi ma lasses. Keep yer een oan the field they're reapin an follae them. Hae I no telt the lads no tae deave ye? Whan ye're drouthie, gang ower tae the jaurs an drink frae whit the lads hae drawn.'

She fell face tae the grund an honourt him. She said to him, 'Hou hae I fand fauvour in yer een, an me but a furriner?' Boaz answert her, 'I've been telt an better telt aboot aa ye did fur yer guid-mither efter her man died, hou ye left yer faither, yer mither an the laund o yer birth an cam tae fowk that ye kent no a docken aboot. Yahweh rewaird yer deeds, an micht ye hae saitisfaction frae Yahweh, the God o Israel, aneath wha's wings ye hae socht a bield.' She answert, 'I hae fund fauvour in yer sicht, maister, fur ye comfort me an ye speak tae the hert o yer sairvant maid, tho I'm no even o yer sairvants.'

Boaz went oan tae speak tae her at denner time, sayin 'Come ower here an eat some o the breid; douk yer piece in the veenegar.' Sae she sat doon wi the reapers. He haundit her some roastit corn an she ett an wis fou, wi some tae spare. Whan she rase again tae glean, Boaz telt his lads, 'Even amang the sheafs she'll be gleanin an you're no tae affront her. Forbye, ye'll pou stalks oan purpose frae the stouks an leave them fur her tae glean, an dinna chide her.'

She gleaned in the field till the e'en. Than she thrasht whit she'd gleaned; it cam tae aboot a bushel o bere. She heezed it up an gaed back tae the toun. Her guid-mither saw whit she hed gleaned. Mairower, she tak oot an gied her whit she hed spare efter takin eneuch fur hersel. She speirt at her, 'Whaur did ye glean the day? Whaur were ye warkin? Blest be the ain wha tak tent o ye!' Sae she telt her guid-mither wha she wis warkin wi an she said, 'The nem o the man I warkt wi wis Boaz.'

Naomi said tae her guid-dochter, 'Blest be he by Yahweh wha hasna tint faith wi the leevin or the deid!' an Naomi said tae her, 'The man is near sib tae us; he's ane o oor kinsmen-redeemers.' Ruth the Moabitess said, 'Whit's mair, he said to me, "Stick wi ma lads til aa ma hairst is duin."' Naomi said tae her guid-dochter Ruth, 'It's best, ma dochter, that ye gang oot wi the lasses, an no hae an encounter in some ither field.'

Sae she stickit wi Boaz's lasses an gleaned til baith the bere-hairst an the wheat harvest were duin, an bade wi her guid-mither.

3

Naomi, her guid-mither, said tae her, 'Souldna I seek ye a hame that'll be guid fur ye? Hou no thon Boaz, oor kinsman, wha's lasses ye were wi? See nou, he'll be winnaein the bere oan the thrashin fluir this verra nicht. Sae wash an anint yersel, pit oan yer guid rig-oot an awa doon tae the thrashin fluir. But dinna shaw yersel tae the man until he's duin eatin an drinkin. Whan he lies doon, merk the place whaur he's lyin; unkiver his feet an lie doon yersel. He'll lat ye ken whit tae dae.' She answert, 'I'll dae aa ye're askin me.'

She gaed doon tae the thrashin fluir an did juist whit her guid-mither hed tellt her. Boaz ett an drank an wi a merry hert gaed tae lie doon aside the end o the corn-heap. She gaed ower hidlins, unkivert his feet an lay doon hersel. In the howe o the nicht, the man stertit awauk, turnt an jings! – a wumman lyin at his feet!

'Wha micht you be?' he asked. She answered, 'I'm yer sairvant lass, Ruth. Spreid yer robe ower yer sairvant lass, fur ye're a kinsman-redeemer.'

He said, 'Yahweh bless ye, ma dochter! This last deed o lealty is better nor yer first, fur ye've no socht efter youthie chiels, be they rich or puir. An nou, ma dochter, dinna be afeart. Aa ye ask me I wull dae, fur the hale toun kens whit a fine wumman ye are. But tho it's richt eneuch I'm yer kinsman-redeemer, there's ane wha's nearer sib nor me. Bide here the nicht. Than, the morn, gin he'll step up as redeemer, weel an guid. But gin he disnae like tae act as redeemer, I'll dae it masel, as Yahweh leeves! Lay yersel doon til morn.'

Sae she lay at his feet til the peep o day. She rase afore a body cuid mak oot his neebour, fur he said tae himsel, 'Lat naebody ken the wumman cam tae the thrashing fluir.' He said, 'Haud oot the plaid ye've got oan ye.' She held it oot an he meisured oot sax meisures o bere an pit it oan her back an she gaed back tae the toun. Her guid-mither said tae her, 'Hou are ye, ma dochter?' an she telt her aa the man hed duin fur her. She gaed on, 'Thir six meisures o bere he gave me fur he said tae me, "Ye'll no gang back tae yer guidmither tuim-haundit."' Naomi said, 'Bide here, dochter, till ye ken hou the maitter wull faa oot, fur the man'll no rest til things are brocht tae an end the day.'

4

Boaz hed gaen tae the yetts o the toun an there he sat doon – an wha sould come by but the redeemer-kinsman Boaz hed mentiont. He cried, 'Come ower here an sit ye doon, Jock Tamson,'[1] an he cam ower an sat doon. Then Boaz teuk ten men frae the elders o the toun an said, 'Sit ye doon here,' an doon they sat. He said tae the kinsman-redeemer, 'The piece o land that belanged tae oor brither Elimelech, Naomi (her that cam back frae Moabite pairts) ettles tae sell. I thocht I sould bring it tae yer lug an say: buy it afore them at's seated here an afore the elders o ma fowk. Gin ye redeem it, redeem awa! Gin ye'll no redeem it, tell me sae I ken. Fur there's nane tae redeem it but you an me efter ye.' An he said, 'I'll redeem it.'

Boaz spak oan: 'The day ye buy the laund frae Naomi an frae Ruth the Moabitess, ye also get the wife o the deid man, sae that the nem o the deid micht be kept mind o in his inheritance.' The redeemer replied, 'Than I canna redeem it, fur fear I hairm ma ain inheritance. You redeem it yersel, fur I canna.' Nou umwhile in Israel, in maitters o redemption or exchaunge, it wis this wey: a man wid take aff his sannel an haun it tae the ither pairty tae seal the deal. Thon wis the pruif in Israel. Sae, whan the redeemer said tae Boaz, 'Buy it fur yersel,' he tak aff his sannel. An Boaz said tae the elders an tae the lave o the fowk, 'Ye are witnesses the day that I hae gotten frae Naomi aa that belangt tae Elimelech an tae Mahlon an Chilion. Forbye, I hae gotten fur masel Ruth the Moabite, Mahlon's wife, as ma wife fur tae keep the nem o the deid ower his inheritance, sae the nem o the deid micht no be cut aff frae his kin an frae the yetts o his place. Ye are aa witnesses the day.'

Aa the fowk at the yetts an the elders said, 'Aye, witnesses we are! Yahweh mak the wumman comin intae yer hoose sib tae Rachel an Leah, wha biggit up the Hoose o Israel, the baith o them! Dae weel in Ephrathah an mak yer name kent in Bethlehem! Yer hoose be like the

---

1   The Hebrew nem here's a nonsense phrase; mebbes the story-teller forgat the nem, nivver kent it or it's nae maitter tae him. Ye cuid owerset it as 'Whit ye may caa him' but it doesna sit well wi the tale fur Boaz tae disrespeck the man he's seekin tae persuade. In Scots lare, we're aa Jock Tamson's bairns, so I've borraed his nem as sib tae the English 'Tommy Atkins' fur a sodger, or the American 'John Doe.'

hoose o Perez wha Tamar buir tae Judah, throu the affspring Yahweh wull gie you by this lass!'

Sae Boaz weddit Ruth an she becam his wife. He gaed intae her an Yahweh giftit her wi bein wi child, an she buir a son. The weemen said tae Naomi, 'Blest be Yahweh wha hasna keepit a redeemer frae ye the day. Micht his nem be cried ower Israel! He wull bring back yer life an nourish yer grey hairs; fur yer guid-dochter wha lues you hes born him; she's better tae you nor seiven sons.'

Naomi tak the bairn an claspt him tae her bosom an she becam his nuirice. The neibour wimmen gied him a nem, saying, 'A son is born tae Naomi!' They cried him Obed; he wis the faither o Jesse, the faither o Dauvit.

This redds oot the kin o Perez; Perez faithert Hezron, Hezron faithert Ram, Ram faithert Amminadab, Amminadab faithert Nahshon, Nahshon faithert Salmon, Salmon faithert Boaz, Boaz faithert Obed, Obed faithert Jesse an Jesse faithert Dauvit.

Efterspiel

I mind a student o mine lattin oot a great souch o relief when she lernt we'd be studyin the buik o Ruth thegither: 'At least thon's ae buik ye'll no be able tae spile' quo she. Naiturally, I teuk thon as a challenge. Oan the surface, it's a hert-warmin tale o lealty atween twa weemen an o the acceptance o a furrin weedow intae a village community wha forby becomes fore-mither tae the line of kings. Sic a message o acceptance o the straunger seems ivver mair needfu in oor time. The buik's concentration oan the lives o weemen, an common weemen tae, is by-ordinar in ony auncient screivin.

But aiblins there is a daurker side. Ruth tells us a Moabite wumman is ancestor tae Dauvit. I the lave o the Hebrew Bible, Moabite weemen are a byword fur promiscuity, leadin astray the men o Israel tae forget their lealty tae Yahweh. Gin we read the tales o Dauvit an his affspring in the buiks o Samuel an Kings, time an again it is their lust fur weemen, aften furrin women, that leads them astray. Dauvit's dealins wi Bathsheba an her man Uriah are cast agin him time efter time as the faut that finally caas doon his dynasty. Cuid the buik o Ruth be saying, 'Whit dae ye expect frae a line o kings wi a Moabite fore-mither?'

Certes, it is uncanny tae see Ruth written oot o the end o her ain buik. The bairn she bears is kent as Naomi's bairn, no hers. Ae thing that's a surpreese tae mony i the biblical tales is it's no the menfowk wha are anxious tae hae sons. A man may need a son tae carry his nem, an the hale discussion atween Boaz an the bodie I've cried 'Jock Tamson', his nemless kin, is based oan customs that ensure that the deid Mahlon's nem wull be mindit oan. Yet a son is also a rival an a mindin at the faither wull no live for ivver. The anes wha threap at their sons tae hae sons are the aulder weemen wha need dochters-in-law tae see efter them. Ruth is a mither-in-law's chairter an micht weel be cried the buik o Naomi.

Aa that said, houever, the buik of Ruth is a gey weel-wrocht tale that gies a rare glisk o whit the lives o weemen in thon times micht hae been.

27

Lamentatiouns

1

Ach! Aa her lane sits the city
    aince fou o fowk,
    an like a weedow-wumman,
    her that wis thrangit wi peoples;
    the princess amang the provinces
    is nou in thirldom.

Begrutten, she sabs by nicht,
    tears on her haffets.
    Nane is there tae comfort her
    o them that luve her.
    Aa her freends hae forhouied her;
    they're nou her faes.

Cruelty an hersh laubour
    hae cleart Judah frae the laund.
    Whan she sattlet amang the nations
    she fund nae peace.
    Aa them hoondin her
    fund her in a ticht place.

Dowie are the roads o Zion;
    nane comes fur the fest-days.
    Her yetts are desertit;
    her priests mak mane.
    Her lassies hae murned
    an she's fell bitter.

Enemies hae owertakken her;
    her faes are thrivin,
    fur Yahweh hes gart her suffer
    fur her mony rebellions.
    Her bairns are gane as preesoners
    afore the fae.

Frae the dochter o Zion
    aa her ryaltie is depairtit.
    Her princes were like stags
    that fund nae fother,
    an dweibly they ran
    afore their pursuers.

Grainin, Jerusalem mindit,
    on the days she wis hauden doon,
    aa her vauntie gear o days lang syne,
    till her fowk fell intae the hauns o the fae
    an there wis nae help fur her.
    Her faes saw her an lauched at her doonfa.

Hoo muckle hes Jerusalem sinned!
     Fur that, she's a mockit hizzie.
     Aa wha honoured her despise her
     fur they hae seen her naukitness.
     As fur her, she souchs
     an coories awa.

In her skirts is her fylement;
     she peyed nae mind tae her latter days.
     Her doonfa's a ferlie;
     there's nane tae comfort her.
     See, Lord, ma dule!
     Ma faes increase.

Jowels maist precious tae her,
     the fae hes haundelt them aa,
     fur she hes seen
     peoples in her saucrit place
     that ye bad no tae come
     intae yer forgaitherin.

Kith an kin, aa are souchin
     as they hunt fur breid.
     They hae gien their gear fur fude
     tae haud on tae their lives.
     See, Lord, an leuk
     whit kin o a glutton I am!

Lat it no be on ye, passers-by on the road!
    Leuk around an see –
    is there ony pyne like ma pyne
    that wis pit upon me,
    that the Lord inflicted
    the day his anger aizelt?

Ma banes he fillt
    wi fire frae abuin.
    He spreid a net fur ma feet;
    he haled me back.
    He gied me ower tae disjeckitness
    aa the days I wis dowie.

Nou the yoke o ma sins is hankit,
    wappit by his haun,
    laid on ma neck.
    It taks doon ma fettle;
    the Lord hes gien me intae the hauns
    o them I canna forstaun.

Ootcast frae ma midst
    by the Lord are ma michty men.
    He hes cried a time agin me
    tae grommish ma laddies.
    As in a winepress, he hes tredden
    the maiden dochter Judah.

31

Puir greetin me, ma een, ma een
      rin wi tears frae aa this;
      faur frae me is ony comforter
      tae cockle up ma saul.
      Ma sons are abaised
      fur ma fae hes starkent.

Quine Zion raxes oot her hauns;
      there's nae comforter fur her;
      The Lord ordert fur Jacob
      faes aa roond aboot him;
      Jerusalem's become
      a maukit thing amang them.

Richteous is the Lord
      fur I defeed his word.
      Hear, aa ye fowk
      an leuk tae ma pyne!
      Ma lads an lassies
      are aa captives.

Sair I cried tae them that luve me,
      but they deceived me.
      Ma priests an elders
      hae perisht in the ceety
      as they socht fur fude
      tae haud on tae their lives.

Tak tent, Lord, o the teen I dree!
>> Ma wame wammles,
>> ma hert hes takken a turn
>> fur ma defeeance.
>> Ootby, the swuird bereives;
>> inby, the plague.

Unluved, wi nane tae comfort me
>> whan they heard me souchin,
>> aa ma faes heard o ma ills wi glee;
>> fur ye hae duin it,
>> ye brocht the day ye spak o –
>> an lat them be like me!

Venge aa their ill-daeins
>> as they are brocht afore ye
>> as ye hae venged on me
>> aa the fauts I've played;
>> fur mony are ma souchs
>> an ma hert's fou sair.

2

Ach! In his wraith the Lord
>> hes smoort dochter Zion.
>> Frae heiven tae yird he cuist doon
>> the glore o Israel.
>> He tak nae mind tae his fit-stuil
>> in the day o his wraith.

But peety, the Lord hes ruint
    aa the bields o Jacob;
    he hes waistit in his ire
    the fortresses o dochter Judah;
    he hes dingit doon tae earth
    kinrik an princes.

Cut doon in the bleize o his wraith
    is ilka vaunt o Israel.
    He hes drawn back his richt haun
    in the face o the fae.
    Jacob he hes brunt like lowin fire
    ramshin aa aroond.

Drawin his bowe like an enemy,
    He held his richt haun like a fae.
    He slauchtert aa them
    pleasin tae the ee.
    In the tent o dochter Zion
    he teemt oot his rage like fire.

Enemy-like the Lord hes been;
    he swallaed up Israel;
    he swallaed up aa her pailaces;
    he wrackit aa her fortresses.
    In dochter Judah, he addit
    manin tae murnin.

Fur he's reduced his dwallin tae a gairden;
>   he's ruint his special steid.
>   The Lord hes endit in Zion
>   fest an saubath;
>   in his rampagin anger he's defooled
>   king an priest.

God hes rejectit his altar
>   an spurnt his halie place.
>   He hes gien ower tae the fae
>   the waas o its fortresses.
>   They raise a heuch in the Lord's hoose
>   as gin it wis a haliday.

Halin doon the waas o dochter Zion
>   wis the mynt o the Lord.
>   He meisured wi a line an didna haud back
>   frae gaupin her doon.
>   He gart waa an dyke murn;
>   thegither they dwyne.

Intae the grund her yetts are sunk;
>   he smasht her spars tae shivereens.
>   Her king an her chiefs are wi fremmit fowk;
>   there's nae rule ava.
>   Forby, her prophets canna airt oot
>   ony veesion frae the Lord.

Juist haudin their wheesht,

    dochter Zion's elders sit on the grund,

    castin stour on their powes,

    cled in sacken duds.

    The lassies o Jerusalem

    bou their heids tae the yird.

Keenin hes dried ma een o tears;

    ma wame wambles,

    ma gaw dreeps yirdlins,

    acause ma fowk, ma dochter, is brakken.

    Hauflins an bairnies soond

    in the ceety's wynds.

Langsome they speir at their mithers,

    'Whaur's meat an drink?'

    as gin they were fochten duin

    in the ceety's wynds;

    their lives skail oot

    on their mithers' breist.

Ma dochter Jerusalem,

    whit can I even ye wi, whit liken ye tae?

    Whit maik can I find tae comfort ye,

    ma maiden dochter Zion?

    Fur yer wrack's as muckle as the sea;

    wha can mend ye?

Nocht but tuimness an glaikitness
> yer spaemen foresaw fur ye.
> They didna unkiver yer ill-daeins
> tae bring back yer sonse,
> but spaed fur ye a weird
> o lees an tuimness.

Onie passin ye by on the road
> clap their hauns at ye.
> They hiss an shak their heids
> at dochter Zion;
> 'Is *thon* the ceety they spak o
> as perfite in beauty,
> delite o aa the warld?'

Pootin their mous,
> aa yer faes
> hiss an chirk their teeth.
> 'We hae swallaed her up,' they say,
> 'here's the day we were waitin on.
> We hae wun at seein it!'

Quhat he ettled at, the Lord hes duin.
> He's brocht tae its end
> his decree frae lang syne.
> He's dung doon but peety,
> he's lat yer foes lauch at ye
> an vaunted yer enemies ower ye.

Rair oot tae the Lord,
  Waa o dochter Zion!
  Lat a spate o tears rin doon
  day an nicht!
  Gie yersel nae upleuk,
  nae rest fur yer een.

Staun up! Cry oot in the nicht
  at the stert o the watch,
  poor oot yer hert like watter
  afore the Lord's face!
  Haud up yer hauns tae him
  fur the life o yer weans
  wha soond frae hunger
  in ilka neuk.

Tak tent, Lord, tae them
  ye hae sert this wey.
  Sould wummen be eatin their ain fruit,
  The bairns they daidled?
  In the Lord's halie place
  sould priest an prophet be murthert?

Upo' the face o the roads
  auld an young are liggen.
  Ma lasses an lads
  hae faaen tae the swuird.
  Ye slaw them the day o yer wraith,
  ye slauchtert them but peety.

Veesitors frae aa aroond
      ye bad as tae a fest.
      Nane won oot, nane survived
      on the day o the Lord's wraith.
      Them I buir an brocht up
      ma fae hes endit.

3

Aneath the stave o his wraith
      I'm the man wha kens pyne.
Ane he drave an better drave
      in mirk wioot licht; I'm him.
Anely on me he keeps turnin his haun
      day efter day.

Banes he hes shivert; ma lire an skin
      he's worn awa.
Bitterness an dule
      he hes biggit aa roond me,
Bad me sit in the mirk
      like the deid o lang syne.

Cruived up ahint waas, I canna win oot;
      he's wechtit me wi chynes.
Cry an plead as I micht
      he staps up ma prayers.
Creukit are ma weys,
      fur he's waad them up wi stanes.

Dern as a lurkin bear is he tae me,
　　like a lion in a hide,
Drivin me oot o ma wey an hagglin me
　　tae lee me malafoustert.
Drawin his bowe, he maks me
　　the butt fur his arraes.

Een ma intimmers
　　he's proggit wi his shafts.
Entire natiouns lauch at me
　　wi mockin sangs aa day;
Eneuch bitterness tae stowe me
　　wi wormit an aa.

Fur he hes bracken ma teeth on graivel
　　an bowed me duin intae the stour.
Frae ma saul he's ryped aa peace;
　　I canna mynd onything guid.
Forby, I said, 'Ma virr an ma howp
　　hae been taen awa by the Lord.'

Giein mind tae ma ills an adaes
　　is wormit an bitterness.
Giein mind I dae, tho,
　　sae ma saul is cast duin.
Giein mind tae this, but, cheers ma hert
　　an sae I hae howp.

His lealty isna endit;
      the Lord's mercy disna cease.
His is the handsel ilka morn;
      there's a rowth o yer grace.
Hert fou, I say, 'The Lord's ma dale;
      an sae I'll howp in him.'

Ilkane wha lippens, ilka saul that waits,
      wull find the Lord guid.
It's guid tae wait quatelike
      fur the sauftie o the Lord.
It's guid fur a man
      tae beir a yoke in his youthheid;

Juist tae sit alane in seelence
      aince it is laid on him;
Juist tae pit his mou tae the stour;
      (aiblins there's howp);
Juist tae gie his haffet tae the skelper
      an be stowed wi snash.

Ken, the Lord disna reject
      fur aye.
Kyndness an mercy abunds
      efter he brings affliction.
Kenninly, he disna bring pyne
      or dule tae humankin.

Lattin aa the preesoners in the land
      be trampit unnerfit;
Lattin a man's richts be warpit
      afore the Maist Heich;
Lattin a man's case be twistit—
      thon the Lord'll no abide.

Micht ony speak an mak it sae
      wioot the Lord's leave?
Micht guid or ill befaw
      an no frae the Maist Heich's mou?
Men girn at whit, gin they're alive?
      Ilkane at his ane sins!

Neist, lat's leuk at oor weys an pruive them
      an turn back tae the Lord.
Nieves liftit, we heeze oor herts
      tae God in heiven.
Nou, we hae rebelled an defeed ye
      but ye hae no forgien.

Ower yersel ye hae cast anger an pursued us;
      ye've slain wioot mercy.
Ower yersel ye hae cast a clood
      sae nae prayer wull win tae ye.
Ootwalins an brock ye hae made us
      amid aa the fowk.

People wha laith us
      aa ill-mooth us.
Panic an pitfaas are oors
      wi ruin an wrack.
Poorin frae ma een are streams o watter
      fur ma fowk aa bracken.

Quittin frae streamin, stappin their flow;
      thon ma een wull nivver dae,
Quhile the Lord leans ower
      an leuks duin frae the heevins.
Quines o the ceety, ma een hae begowked me
      on yer behauf.

Randomly, ma faes hae huntit me
      like a bird.
Rocks were thrawn at me
      tae end ma life in a pit.
Risin ower ma heid wis the watter;
      I said, 'I'm duin!'

Sae I cried on yer name, O Lord,
      frae the deeps o the pit.
Shut-na yer lug;
      tak tent o ma vyce, ma grainin, ma cries!
Sae suin as I cried on ye, ye cam by;
      ye said, 'Dinna be feart!'

Tae sauf ma life,
     ye hae focht fur ma case.
The wrang duin tae me ye've seen
     juidge in favour o whit's due tae me!
Their ill-wishin an their collogues agin me,
     aa thon ye've seen.

Upcasts frae them ye've heard, O Lord,
     aa their collogues agin me.
Unfreends gie me lip an flyte me
     aa day lang.
Upon their feet or sittin duin,
     see me, the butt o their mockin sangs.

Venge on them aa they hae duin;
     pey fur the wark o their hauns!
Vent on them anguish o hert;
     yer ban be upon them.
Veesit yer rage on them, follae an fell
     frae unner the heiven o the Lord.

4

Ach! The gowd is tasht, the bonnie gowd is chynged,
     the wallie stanes are scattered at ilka street corner.

Bairns o Zion, aince meisurt in gowd (ochone!),
     are coonted as pots o cley, made by a potter's hauns.

Curs offer the breist an gie souk tae their weans,
>but ma dochter, ma fowk, turnt cruel like ostriches in the desert.

Drouth sticks the littlins' tongues tae their gabs.
>Bairns beg fur breid; nane is offert tae them.

Eaters o fantoush farins lie faimisht in the road;
>the anes brocht up in the purple courie in muckheaps.

Faur waur than Sodom's ill-daeins is the guilt o ma dochter, ma fowk,
>an *it* wis dung doon in a blink, wi feint a haun laid on it.

Gey pure were her chosen anes, purer than snaw, whiter than milk;
>their limms were reid like coral, their members like sapphire.

Hoo daurk, like suit, their seemin nou; in the streets they're unkent.
>Their skin's cryned on their banes; they're dry as wid.

Ilkane killt by the swuird's better aff than them slain by hunger;
>Fur want o the fruits o the field, their life seeps oot as gin they were dirked.

Jings! Wi their ain hauns, weel-willy weemen hae byled their bairns.
>Siccan is their meat in the duinfaa o ma dochter, ma fowk.

Kinnlin the fire o his anger, the Lord's poored oot aa the bleeze o it.
>He's set Zion up in flames that connacht its foonds.

Lords o the yird didna credit, nor did aa that wone in the warld,
>that faes an enemies cuid win thro the yetts o Jerusalem.

Misdaeins o her prophets an the sins o her priests
  wha poored oot in her midst the bluid o the juist caused this.

Nane cuid touch their claes, fylt as they were wi bluid,
  as they blindly stravaiged thro the streets.

'Oot! Unclean!' fowk cried at them; 'Oot! Awa wi them! Nae touchin!'
  Sae they wandert an better wandert, fur the fremmit fowk said
  amang themsels, 'Nae langer wull they bide here!'

Priests they widna leuk on; elders they widna respect;
  sae the Lord wull leuk on them nae mair, scaittered as they are.

Quailin were oor een wi watchin uisslessly fur rescue,
  waitin an better waitin fur a natioun that's nae aid.

Richt ahint oor fitsteps they cam, sae we cuidna walk oor ain squares.
  Oor end wis naurhaun; oor days were duin, fur oor doom wis
  come.

Swither than eagles in the lift were oor pursuers;
  they herried us ower bens an laid in wait fur us in the wilds.

The breith o oor lives, the Lord's anointit, wis taen in their pits,
  he in wha's shaddae we hed said we wid live amang the fremmit
  fowks.

Uz-dwallin dochter Edom, rejyce an be gleefu!
  The quaich wull come tae ye an aa; ye'll be fou an shawin yer
  naukidness.

Void is yer ill-daein, dochter Zion; nae mair wull he bainish ye;
But yer ill-daein, dochter Edom, he hes merkit an wull bainish
ye fur yer sins.

5

Mind, O Lord, whit hes cam upon us;
leuk an see hou we're affrontit.

Oor heritage hes passed tae unkent fowk
oor hames tae ootlanders.

We are orphans nou, wi nae faithers;
oor mithers are like weedows.

We maun pey tae drink oor ain watter;
wid comes at a price.

We're up tae oor hause in pursuit;
forfochen, there's nae rest fur us.

We haud oot oor hauns tae Egypt,
tae Assyria, fur oor fill o breid.

Oor faithers sinned an are nae mair
an we maun thole the weird.

Slaves rule ower us
an there's nae escapin their hauns.

We get breid at risk o oor lives
acause o the swuird in the wilds.

Oor skin daurkens as in an oven
acause o the burnin o hunger.

They hae raivisht the weemen in Zion
an the quines in the toons o Judah.

Princes hae been hangit by their hauns;
nae respect is peyed tae elders.

Callants maun cairry grundstanes
an laddies stacher laident wi wid.

The auld are gane frae the yetts
an the young frae their sangs.

The blitheness o oor herts is dwined awa;
oor dauncin is turnt tae murnin.

The croun hes fallen frae oor heids;
wae tae us, fur we hae sinned!

Acause o this, oor herts are seek;
acause o this, oor een are bleart.

Acause o Ben Zion, liggin desolate;
tods snaik aboot in it.

But ye, O Lord, are in place fur aye;
      yer throne endures age on age.

Hou hae ye forgotten us fur aye,
      forhouied us fur the hale o time?

Tak us back tae yersel, O Lord; lat us come back!
      Renew oor days as o lang syne!

Fur ye've rejectit us stoup an roup
      an raged at us tae the leemit.

Efterspiel

The title 'Buik o Lamentatiouns' is sel-explanatory. The destruction o Jerusalem is its subject, maist likely caain tae mind the Babylonian ruinage o the city in 587 BCE. It is made up o five poems, fower o them bein alphabetic acrostics. The stanzas begin wi successive letters o the Hebrew alphabet, twenty-twa in aa. In chaipter 3, the form is aa the mair strict: ilka stanza hes three lines, an ilkane o the three begins wi the same letter. The hinmaist chaipter hes nae acrostic, but keeps the paitern o twenty-twa stanzas.

Why acrostics? Aamaist as lang's there hes been an alphabet, fowk hae played wi the wey that wurds are braken doon an can be rebiggit. But is sic a ploy fittin fur a sang o lamentatioun? Mebbes we hae here a re-enactment o the brakkin an hoped-fur rebiggin o the city. The order o the alphabet is an uncanny thing; at the ae time, it is the maist arbitrary an the maist inflexible o orders. There is nae reason B sould follae A, but there is nae argifeein aboot it. Mebbe the scriever's anguish ower the city's weird is sae fell at anely wi the harshest discipline can he speak ava. In chaipter 3, the tichtest o forms is needed tae haud in the deepest pine. Mebbes, tho, in chaipter 5 the wrack is sae far throu at this constraint itsel is brakken; juist the skelet o the form is left in the twenty-twa lines.

No mony owersetters o this buik hae ettled at matchin the acrostics in anither leid. The Latin alphabet can nivver match the Hebrew; its twenty-sax letters mean fower are aye orra gin we match the paittern line fur line. Still an oan, no tae ettle at it at aa means the message o the *form* o the buik, no juist its contents, is lost, sae I hae warstlet wi it as best I cuid. Whit comes throu micht be but an echo o the oreeginal, but I howp mair than naething. Read it alood tae feel the rhythms an hear the repetitions o the soonds.

Qoheleth
(or Ecclesiastes)

1

The words o Qoheleth, son o Dauvit, king in Jerusalem:

Souch o souchs, quo Qoheleth,
souch o souchs; aa a souch.
Whit's the lave fur a man
frae aa his daeins aneath the sun?

Generatiouns come, generatiouns gang;
the yird bides fur aye.

Up comes the sun, doun gaes the sun;
whaur it cam up, back there it snuves.

Blawin soothart,
jinkin norart,
birlin roon an roon gaes the wind;
fur aa its birlin, back it comes.

Ilka burn rins tae the sea;
the sea is nivver fillt.
Tae the bield they cam frae
there the burns rin back.

Aa sic cairry-oans mak weary;
a man canna dae wi it.
The ee's no slockit wi seein;
the lug's no stappit wi hearin.

Whit's been is whit wull be.
Whit's duin is whit wull be duin.

There's no a thing at's new
aneath the sun.

Mebbe there's a ploy o whilk fowk say
'See thon; it's new!'
– it's been lang syne, lang afore us.

There's nae mindin o them that cam first,
sae them that come efter
the fowk at the end winna mind either.

See me, Qoheleth; I wis king ower Israel in Jerusalem. I gied ower ma
mind tae studyin an tae pikin oot wi wiceheid aa that's duin aneath the
heivens. Thon's an ill haundlin that Yahweh hes gien the warld's bairns
tae fash themsels wi! I leukit tae aa the daeins that are duin aneath the
sun an fegs! – souch o souchs an chasin efter wind!

The thrawn nane can strauchten;
whit's wantin nane can coont.

I thocht tae masel, 'See me, I hae growen mair michty an addit mair tae
ma wiceheid nor ony that wis afore me ower Jerusalem an ma mind in
ettle earnest hes gaithered wiceheid an wittins.' Sae I pit ma mind tae
ken wiceheid an tae ken widdrim an gyteness forby. An I leart this tae
wis chasin the wind. Fur

Wi muckle wiceheid comes muckle fasherie;
mair lair, mair sair.

2

I said tae ma sel, 'Come oan, lat me try oot pleisure oan ye an pruive aa that's guid'; thon wis but a souch an aa. 'Lauchter?' I said, 'it's doitert; an daffin – whit dis it dae?'

I socht in masel tae kittle ma boadie wi wine while ma mind wis guidit by wiceheid an sae tak a haud o folly fur tae see whit wid be better fur fowk tae dae aneath the heivens as the days o their lives coont doon.

I increased ma haudins; I biggit masel hooses an plantit vineyards. I made masel gairdens an pairks an plantit them wi aa kin o fruit trees. I made masel puils o watter fur tae slock frae them shaws o growthie trees.

I bocht slaves, chiels an lassies, an their bairns born in the hoose wer mines; ma purchases o kye an yowes wer mair nor ony wha wis afore me in Jerusalem.

I gaithered thegither gowd an siller an the treisures o kings an stewartries; I got masel sangster-lads an sangster lasses, an aa the pleisures o humankin: breists an mair breists.

Sae I becam greater, increasing mair nor aa wha wer in Jerusalem afore me. Forby, ma wiceheid stude by me. Aa that ma een speirit fur, I didna deny them an I didna deny masel onything that wid please me fur I wis cantie wi aa ma gear. Thon wis ma share o aa ma wealth.

Then I conseedert aa that ma hauns hed duin an the gear I hed gained thro aa ma daeins an fegs! – it wis aa a souch an chasin the wind; there wis nae lave aneath the sun.

Then I tuik a turn tae masel tae leuk at wiceheid an folly an gyteness, fur whit aboot the man comin efter the king wha amassed thir achievements?

An I saw that

> There is a lave frae wiceheid ower folly,
> like the lave o licht ower derkness;
> the wice man hes een in his heid
> while the fuil gaes aboot in the mirk.

But I kent tae that the weird o ane is the weird o aa. An I said tae masel, 'The weird o the gomeral is ma weird an aa. Whit fur hae I been sae wice?' Noo I said tae masel that this tae wis but a souch. Fur there is nae mindin o the wice ony mair than o the fuil, in eternitie. As the days rin oan, aa are forgotten an – ochone! – the gleg-witted dees alang wi the gowk.

Sae I wis scunnert at life; ill-seemin tae me wer aa the daeins duin aneath the sun, fur aa's a souch an chasin the wind.

An I wis scunnert at aa the gear I hed gaithered aneath the sun the whilk I maun leave tae the ane wha follaes me. Wha kens whether he wull be gleg or glaikit? An he wull be maister o aa ma gear that I trauchelt an raxt ma harns ower: thon tae is but a souch.

Sae I turnit masel ower tae wanhope oan accoont o a the trauchle I hed trauchelt at aneath the sun.

See a man wha cam guid by wiceheid, lair an skeel but maun haun aa tae a chiel wha hesna warsled fur it as his dale; thon, tae, is a souch an a muckle ill.

Whit is there fur a man in aa the trauchle an fasherie he drees aneath the sun? Aa his days, fyke an pine is his occupatioun; at nicht, his mind wullna sleep. Thon is a souch an aa.

There is naething guid fur a man but tae eat an drink an dae what is best fur his sel frae his store. This tae, sae I can see, is frae the haun o God himsel. Fur wha eats an wha drinks fur me but masel? Is it that tae the man wha is guid afore him he gies wiceheid an wittins an pleisure, an tae him wha displeases him he gies the hunger tae gaither an store – anely tae gie it tae the ane that's guid afore God? Thon as weel is a souch an chasin the wind.

3

Fur aathing there is a saison an a time fur ilka maitter aneath the heivens.

A time fur birthin	an a time fur deein,
A time fur plantin	an a time fur howkin whit is plantit,
A time fur slauchterin	an a time fur mendin,
A time fur cawin doon	an a time fur biggin up,
A time fur greetin	an a time fur lauchin,
A time fur murnin	an a time fur dancin,
A time fur castin stanes	an a time fur gaitherin stanes,
A time fur embracin	an a time fur nae embracin
A time fur seekin	an a time fur lossin,
A time fur keepin	an a time fur chuckin oot,
A time fur reevin	an a time fur sewin up,
A time fur haudin yer wheesht	an a time fur talkin,
A time fur luvin	an a time fur hatin,
A time fur war	an a time fur peace.

Whit is the lave fur the ane wha dis things frae aa his trauchle? I've seen the haundlins that God hes gien tae humankin tae fash themsels wi. Aa he hes wrocht is braw in its time. Forby, he hid somethin unco an aye-bidin in their herts but in sic a wey that nane can jalouse the daeins o God frae stert tae feenish.

Sae I unnerstuid that there is naethin better fur them but blithely tae dae the guid while they are leevin. An, forby, fur ilkane wha eats an drinks an sees guid things frae aa his warslins, thon is God's gift. I unnerstuid that aa God does wull be fur aye. There is naethin tae be eikit tae it an frae it naethin can be taen awa; an God hes duin this sae they fear him.

Whitever is aaready wis
  an whitever wull be hes aaready been
an God seeks oot whit hes been chased awa.

Mairower, I saw aneath the sun that in the steid o justice there wis wickitness an in the steid o richteousness, there tae wis wickitness.

I said tae masel, 'God wull be the judge o whit is richteous or wickit, fur there is a time fur ilka maitter an a time fur aa the daeins there.' An I said tae masel, 'Anent humankin, God tests them tae shaw them they are beasts; aye, thon is whit they are. Fur the weird o humankin an the weird o a beast is ae weird: the deith o ane is sib tae the deith o the ither; the breith o life is ane fur aa. The avantage o man ower beast? There is nane: fur aathing is but a souch. Aa gang tae the ae place: aa cam frae stour an tae stour they aa win back. Wha kens gif a man's breith o life gangs up on heich or gif a beast's breith o life gaes doon sinkin intae the yird?'

An I saw at naething is better fur a man nor tae be blithe amang his store, fur thon is his dale. Fur wha wull learn him tae see whit wull be in the hereafter?

4

Sae I turned tae look at aa the haudin doon that gaes on aneath the sun; the tears o the doon-hauden – wi nane tae comfort them – an the strenth in the hauns o them haudin them doon – an nane tae comfort them. Then I esteemed the deid wha hed aaready dwined awa ower the leevin wha wer leevin yet. Better nor the baith o them are the anes wha haena yet come tae be an haena seen the ill-daeins duin aneath the sun.

An I saw aa ettlin an craftiness come frae a man's invy fur his neebor – a souch an chasin the wind!

The gomeral faulds his hauns
  an eats his meat.
Better ae haunfu o saucht
  nor baith hauns fou o trauchle an chasin the wind.

An I turned aince mair an saw a souch aneath the sun. See a bodie wi'oot a pairtner, no even a son or brither, yet there is nae end tae aa his strauchle an his ee is nivver saitisfiet wi riches. An fur wha am I strauchlin while denyin masel the guid o it? This tae is a souch an chasin the wind.

Twa are better nor ane as they hae a guid rewaird frae their trauchle. Sould they fa, ane can raise his pairtner, but wae's him wha faas his lane wi nae second tae raise him up. Forby, gin twa lie thegither, it is wairm fur them, but there is nae wairmin ane oan his lane. Gin ane attacks, twa can staun agin him. A threefauld threid isna quickly bracken.

Better a beggarlie but wice laddie nor an auld an doitert king wha nae langer kens hou tae tak a wairnin. Fur he can come frae the jyle tae be king, fur aa that he wis born puir in his kingdom. But I saw aa the leevin stravaigin aneath the sun wi the saicant laddie wha stauns in his stead. There is nae end tae aa the fowk, tae aa them wha wer afore him, an even them wha are efter him wull tak nae pleisure in him. That an aa is but a souch an chasin the wind.

Watch yer step whan ye gang tae the hoose o God; an offerin o obedience is better nor a gomeral's gift o sacrifice fur they hae nae wey o kennin they are daein ill.

5

Dinna be hastie wi yer mou an dinna lat yer hert rin tae utter words before God. Fur God is in the heivens an ye are oan the yird; sae lat yer words be scantie. Juist as dreams come wi muckle brustle, sae the vice o a gomeral comes wi a fouth o words. Gin ye mak a voo tae God, dinna pit aff makin it guid. Fur he taks nae pleasure in fuils. Whit ye voo, mak guid. It is better no tae voo ava nor tae voo an no mak guid. Dinna gie ower yer mou tae leadin yer bodie astray an dinna say afore the messenger that it wis a mishanter. Whit fur wad ye fash God wi yer blethers sae he dwines aa the daeins o yer hauns tae a souch? In the midst o a hantle o dreams an souchs an wirds, fear God!

Gin ye see the haudin doon o the puir an the glaumin awa o richt an justice, it is nae ferlie; fur ae heid yin is keepit by a heicher heid yin an baith by the heichmaist. The bien fur the land frae aa thon is a king an a weill-workit field.

A luver o siller nivver hes eneuch o siller nor a luver o propertie eneuch o whit it brings. Thon is but a souch an aa. As guid things increase, them wha devoors them increase, sae whit avantage tae their maister ayont haein a keek at them?

Douce is the warkman's sleep, whether he hes muckle or little tae eat, but the rich man's gear lees him waukrife.

There is anither ill hap I hae seen aneath the sun: riches keepit by their maister tae his ain skaith. Thon riches are tint in a feckless ploy an he faithers a son wi naethin in his haun.

Juist as he cam nakid oot o his mither's wame, sae he maun return; as he cam, he maun gae, an can bring nane o his store in his haun. This tae is an ill hap: juist as he cam, he gaes an whit is the lave fur him frae aa his trauchle? Forby, aa his days he eats in the mirk wi muckle deavance an seikness an crabbitness.

Noo, this alane hae I fund tae be guid an fittin: tae eat, drink an see the guid in aa the trauchle a bodie hes trauchelt at aneath the sun in the stentit days God hes gien him fur thon is his dale. Ilka man wha God gies riches an gear an alloos tae eat o it, wha accepts his portion an is cantie in his store – thon is the gift o God. He souldna hae mind owermuckle o the days o his life, fur God wull keep him eident wi cantiness.

6

There is an ill I hae seen aneath the sun rife amang men. There is a man wha God grants riches an gear an store sae he wants naethin that his hert ettles efter, but God disna lat him eat o it; a fremmit man eats o it. That is a souch an an ill matter.

Gin a man faithers a hunnert bairns an lives mony years, yet canna staw his wame frae his guids an there is no even a grave fur him, then I say a miscairriet bairn hes it better nor him. Houbeit wi a souch it comes an in derkness it gaes, an even its name is smoored in the mirk, aatho it hesna even seen the sun an kens naethin, its lown is better nor his – aye, even gin he lived twice times a thoosan year, but nivver saw the guid frae it. Are they no aa gangin tae the ae place?

Aa a man's trauchle is fur his mou, but he can nivver fill his thrapple. Whit lave hes the wice ony mair nor the gomeral, or a puir bodie wha kens hou tae get oan in wi leevin? Better the sicht o the ee than the gaeins-on o the thrapple. This tae is a souch an chasin the wind.

Whitever haippens wis gien its nem lang syne an kent fur whit it is; as fur humanitie, it cannae fecht wi whit is stranger nor it. Fur whaur there's mair blethers, there's mair souchs. Whit's the gain fur a man? Fur wha kens whit is guid fur fowk in the stentit days o this souch o a life that gaes by like a shadda? Wha can tell onyane whit wull come efter aneath the sun?

7

A fair name is better nor fine eyntment an the day o deith better nor the day o birth. Better tae gang tae the hoose o murnin nor tae gang tae the hoose o feastin, fur thon is the end o ilkane an the leevin suld tak it tae hert.

Better dule nor lauchter, fur in the midst o dowie faces the hert can be hale. The herts o the wice are in the hoose o murnin, an the herts o gomerals in the hoose o lauchter.

Better tae hearken tae the rebeuk o the wice nor tae be the ane wha hearkens tae the sang o fuils. Fur like the crackle o whins aneath a girdle is the lauchter o fuils an thon tae is a souch. Fur oppression maks a fuil o the wice an creishin his luif can brak his mense.

The ootcome o a maitter is better nor its oncome.

Better a tholin speirit than a heich-heidit speirit.

Dinna haste yer speirit tae anger, fur anger rests in the breists o fuils. Dinna say, 'Hoo did it fa oot that the days gane by were better nor thir?' fur it isna frae wiceheid that ye are speirin thon.

Wiceheid is as guid as an heirship, an a boon tae them wha sees the sun. Fur tae be in the shade o wiceheid is tae be in the shade o siller an the avantage o kennin wiceheid is it gies its awner life.

Leuk oan God's daeins! Wha can strauchten whit he hes made thrawn? In guid days, tak the guid an in ill days, take tent; God made the ane an the ither sae that humankin cannae airt oot onything aboot whit comes after.

I hae seen it aa in ma souch o a life: there is a richteous man wha perishes maugre his richteousness; there is a limmer wha eiks oot his life in his ill-deediness. Sae binna unco guid or mak a grand shaw o wiceheid or ye may be dumfoonert. Binna unco evil or a gomeral; whit fur wid ye dee when it is no yer time?

The best course is tae seize haud o baith this an thon wi'oot lattin gae, fur the fear o God wull pu aabody throu.

Wiceheid strengthens the wice mair nor ten bailies in a city. Fur there is no a richteous man on the yird wha does the guid an disna fail.

Dinna tak tent o ilka word that is said sae ye dinna hear yer sairvant speak lichtlie o ye, fur ye ken fu well in yer hert that ye hae spoken lichtlie o ithers.

Aa this I pruived wi wiceheid. I said 'Lat me be wice!' but it wis faur ayont me. Whit hes been is awa aff an deip, deip; wha can find it? I turned hert an saul tae study an explore an seek oot wiceheid an raison an tae study wickitness, folly, glaickitness an gyteness. An I fund mair bitter nor deith the wumman wha's aa cantrips: her hert is snares an nets an her hauns are shackles. Ane wha is pleasin tae God can jouk her; but the sinner is catcht by her.

See, this is whit I fund oot, says Qohelet, takin things ane by ane tae seek oot the paitern, the whilk I socht wi ma mind but didna finn. Ae man in a thoosan I fund, but fient a wumman amang them aa did I find. See the ae findin I dae hae: God made humankin aefauld but they hae socht oot a hantle o paiterns.

8

Wha is like a wice man an wha can gie the sense o this sayin: 'A man's wiceheid lichtens his face an the dourness o his leuk is chynged'?

I say, 'Dae the king's biddins an keep the aith ye made tae God. Dinna haste oot o his presence, but gang an dinna tak a staun on an ill affair, fur he can dae whit he likes. The king's word hes authority; wha wull say tae him, "Whit are ye daein?" Ane wha bides by his commaunds wull no ken ony ill.'

But the wice man kens in his hert there is a time o duim. Fur ilka maitter there is a time, fur duim an aa; fur a man's ill wechts doon oan him. He hes nae notion whit wull be; even as it haippens, wha is tae tell him? Nae man hes pooer ower the wind nor can bind the wind; there's nae authority ower the day o deith. There's nae leave frae thon battle an wickitness wull no save its maister.

Aa thon I saw an I keepit in ma hert a the daeins that are duin aneath the sun while men hae pooer ower ither men tae their ill. As an instance, I hae seen limmers brocht tae their graves an fowk cam an went frae the haly place an praised them in the verra city where they hed duin their deeds. This tae is but a souch.

Since the duim fur ill daeins is no pronoonced belive, the herts o men are fillt wi ill-daein; a limmer can dae ill a hunnert times an it is aye pit aff. I am aye tellt 'Aa wull be well fur them wha fear God acause they fear him tae his face but it wullna be well fur the limmer an he wullna lenthen his days, juist like a shadda, acause he disna fear God tae his face.' Yet there is cause fur a souch that does occur in this warld. Betimes an upricht man is rewairdit as tho he hed duin ill deeds while an ill-deedie man is rewairdit as tho he hed duin guid. I say that caas fur a souch.

Sae I commend cantiness. There is naethin guid fur a man aneath the sun but eatin an drinkin an bein cantie. Thon wull gang wi him in aa the trauchle o the days o the life God gies him aneath the sun.

Fur I hae pit ma mind tae studyin wiceheid an tae obsairvin the business that is duin on the yird, sae day an nicht there is nae rest fur ma een. I hae seen aa God's daeins an that a man canna find oot aa that is duin under the sun. A man may strauchle tae seek them oot but he wullna find them; a wice man may say he kens, but he canna find them.

9

Fur aa this I tak tae hert an I clarifiet aa this, that the richteous an the wice an their warks are in God's haun, be it luve, be it hate: humankin kens naethin o whit is afore them. The same weird faas tae aa: the richteous an the wickit; the douce an pure an the impure; ane wha sacrifeeces an ane wha disna sacrifeece; fur guid or ill, the ane wha sweirs an the ane wha is feart o aiths.

Here is whit is wrang wi aa that haippens beneath the sun: that there is ae weird fur aa. Mairower, the herts o men are fu o illwill an fuilishness is in their minds; an therefter – aff tae the deid! Fur he that is jined wi the leevin, there's a howp, fur a leevin dug is better nor a deid lion. At least the leevin ken they wull dee, but the deid ken naethin an there is nae mair rewaird fur them, fur even their mindin hes perished. Their luves, their hates, their jalousies are aa dwined awa lang syne an they hae nae share in aa the daeins aneath the sun fur iver an on.

Awa, eat yer breid blithely an drink yer wine in guid hert fur God hes aaready appruved yer daeins. Lat yer claes aye be new-washt an nivver lat yer heid want fur uilie. Be cantie leevin wi a wumman ye luve a the days o this souch o a life that hes been gien ye aneath the sun. Fur thon is yer gain frae life an frae aa yer trauchlin aneath the sun. Whitever ye pit yer haun tae dae, dae it wi smeddum. Fur there is nae daein, nae lernin, nae kennin an nae wiceheid in Sheol whaur ye are gaein.

I turned an obsairvit aneath the sun at
it is no the fleet wha gains the race,
nor the champions the battle,
an certes there's nae breid fur the wice
nor gear fur the glegwitted
nor respeck fur the learned.

Fur ill-chauncie times cam tae aa. A man canna even ken when his ain time wull be. Like fishes catcht in an ill net, or birds catcht in a snare, fowk are trappit in an ill time that fas oan them wi a suddentie.

This tae I saw in ma wiceheid aneath the sun an it loomit lairge fur me. There wis a wee city wi but a puckle o fowk in it an a great king cam tae it an surroondit it an biggit muckle siege warks agin it. An there wis tae be fund there a puir wice man wha micht hae sauft the city by his wiceheid, but fient a boady mindit thon puir man.

An I said 'Wiceheid may be better nor warcraft, but a puir man's wiceheid is despisit an nane taks tent tae his words.'

The words o the wice in silence are hearkent tae mair nor the yammer o a laird ower fools.

Wiceheid is better nor wappens o war, but a lane gomeral can ruin muckle guid.

10

Deid flees wull turn the pairfumer's precious eyntment mochit; sae a wee bit folly ootwechts wiceheid.

The mind o the wice is tae the richt, the mind o the gomeral tae the left.

Even oan the road, the wey a gomeral is ganging, his mind's awa, the whilk tells aabodie he is a fuil.

Gin a heid yin's birse is up agin ye, dinna gie up yer place, fur a calm such wull lay tae rest muckle wrangs.

Here is an ill thing I hae seen under the sun, like as the ruler hed decreed a mistak. I gowk wis placed on the heichest o hichts while the rich hed tae sit in the laich places. I hae seen slaves oan cuddies an lairds pittin fit tae grund like slaves.

Ane wha digs a pit wull fa intae it; ane wha caas doon a dyke, a snake wull bite.

Ane wha howks oot stanes may rax himself an ane wha cuts doon trees may be in daunger frae them. Gin the aix is blunt, fur nane hes shairpened it, he must gaither his strength; the avantage o wiceheid is daein things richt.

Gin a snake bites afore ony chairm, the skeely chairmer hes nae avantage.

Words frae a wice man's mou are mensefu, but the lips o a gomeral wull gollop him doon.

His blether stairts oot juist daft but ends in wickit gyteness. Nanetheless he blethers an better blethers.

A man canna ken whit wull be; whit the hinner-end is, nane can tell him.

The trauchles o gomerals lee them fair forfochen; they canna even win tae the toon.

Wae tae ye, land, wha's king is but a halflin an wha's princes are aaready feastin in the morn! Blithe are ye, land, wha's king is weill-born an wha's princes eat at the richt time wi mense an wi'oot gilravagin.

Throu sweirtie the ruif faas in an throu idlin hauns the hoose wull leak.

Fur lauchter a feast is made; wine lichtens life an siller answers fur aa.

Even in thocht, dinna ill-speak the king an dinna ill-speak a rich man even in yer ain chaumer fur a foul o the air micht cairie awa the soond an a wingit thing clype o the maitter.

11

Cast yer breid on the face o the waters fur efter mony days ye wull find it. Gie oot a dale tae seiven or aicht fur ye dinna ken whit ill thing cud befaa the yird.

Gin the cloods are fou, they wull teem rain oan the yird; gin a tree faas, whether tae north or sooth, whaur it fell, there wull it bide.

Wha watches the wind wull nivver sawe an wha obsairves the cloods wull nivver ingaither.

Juist as ye dinna ken hou the lifebreith enters the banes wi'in a fou wame, sae ye dinna ken the daeins o God wha dis aathing.

I the morn, sawe yer seed an at e'en dinna pu back yer haun, fur ye dinna ken whether ane or the ither wull thrive or mebbe the twa o them are equally guid.

The licht is sweet an it is a delite tae the een tae see the sun. Gin a man leeves mony years, lat him hae pleisure in aa o them, keepin in mind hou mony the days o derkness wull be. Aa that is tae come is a souch!

Be cantie, ma lad, in yer youthheid. Lat yer hert lead ye tae the guid in yer young days. Gae in the ways o yer hert wi aipen een; fur aa this, God wull bring ye tae accoont. Cast oot care frae yer mind an rid yer body o wrang, fur youthheid an the dawn are aa a souch.

12

Mind oan yer source in the days o yer youthheid, afore the ill days come an the years are nearhaun when ye wull say, 'There's nae purpose fur me in them'; afore the dairkenin o the licht o the sun, the mune an the sterns an the cloods come back efter the rain.

When the gairds o the hoose tremmle
an the strang men are bowed ower;
the grinders cease as they are few
an the dames keekin thro the windae are bleart;
the yetts tae the street are shut tae
an the clack o the mull dwines awa;
ane stairts at the cry o a bird
an aa the dochters o sang are laid low.

They are afeart o hichts
an o terrors oan the road.

The aumond tree blooms,
the locust sprauchles alang,
the caper bush bears fruit,

While man is gaein tae his hame fur aye
wi murners aa aboot him in the road.

Afore the cord o siller rives
an the gowden bowl braks;
the joug is shattert at the spring,
an the wheel is smasht aside the well.

An the stour gaes back tae the yird,
as it wis;
An the lifebreith gaes back tae God
wha gave it.

 'Souch o souchs,' quo Qoheleth.

* * *

Ae thing mair: sin Qoheleth wis a wice man, he wis lief tae learn fowk an he hearkent tae mony saws an tried their halesomeness. Qoheleth socht fur fittin words an whit wis screivit honestlie as words o truith. The words o the wice are like gauds an like weel-fessent nails. Maisters o collections passed them oan tae the ae shepherd.

An ae thing mair: tak wairnin by them, ma son! There is nae end tae the makin o mony buiks an ower ettlesome study is trauchlesome tae the flesh.

The sum o the maitter aince aa hes been said:

> Fear God an keep his commaundments. Nou, this gaes fur aabody: fur aa that is duin God wull bring tae bear on judging aa that is hidden, be it guid or ill.

Efterspiel

I aye mind a bodie comin up tae me efter I hed giein a lecture oan Qoheleth. 'The fact that thon buik is pairt o the Bible is the reason I can be pairt o the kirk,' he said. It is an orra buik tae find in the Bible, richt eneuch; the rabbis debatit its status intae the Christian era. Qoheleth's message can seem dour an howpless, yet tae mony it is strangely comfortin tae ken that anither shares their doots an fears an that these are-na condammt oot o haun, but acceptit wi'in the canon.

The apocryphal buik 'Wiceheid o Solomon' warns agin those wha doot that wiceheid wins oot an folly is punisht in this life an that the deid are dealt wi accordin tae their deserts. In ae sense, Qoheleth sets oot a thocht experiment tae test these claims, an experiment duimed tae fail. Fur hou can a wice man ken whit it is tae be glaikit? Even gin he kids oan he's bein a gowk, a wee bittie o him maun aye be keekin ower his ain shouther tae judge his ain daeins. But thon's juist whit the gomeral is wantin, the inner vyce tae juige the wiceheid o his impulses. Ae thing the wice canna ken is whit it is no tae be wice.

The buik is fu o contradictions. Conventional wiceheid is mellt wi scepticism; the verra end o the buik seems tae opt fur an orthodox ainswer tae its questions that's no even an ainswer, juist a commaund: Fear God an follae his commaundments. Scholars hae seen conflictin vyces i the text, competin editors tryin tae balance piety an disbelief, but aiblins the scriever wis skeely eneuch tae stage debates where the saws o the proverb-gaitherers were quotit an pit tae the question. Faced wi the question o the meanin o a life that ends in daith, nane o us is consistent in oor stance.

I'm aye mindit o a passage in A.A Milne's *The House at Pooh Corner* whaur Eeyore hes faaen i the river an reflects oan his weird. As he floats doon, twirlin at random ae wey an then the ither i the eddies, wi nae pooer tae resist, aye cairried inexorably by the current, he shifts frae protest an sel-peetie tae acceptance o whit he canna change, an back again. At moments, he can even see the humour o his situation. Qoheleth tae shifts between ainger an despair an aamaist humorous sense o the absurditie o fashin hissel ower the significance o his wee bein catched i the grand cycles o the universe. Ae thing anely pints in ae direction, by his avise, wi nae cyclin back: daith. an daith maks nae odds atween the canny man an the gomeral. In sic a situation, aa we can dae is enjye the journey as best we micht.

Twa wurds may caa fur comment in this owersettin: 'Qoheleth' an 'souch'. 'Qoheleth' is hou the supposed screiver o the buik is caad. It cams frae a ruit in Hebrew meanin 'gaither thegither' sae maist literally we cuid owerset is as 'Gaitherer'. But gaitherin whit, whaur an why? Mony reckon the reference is tae gaitherin fowk, sae a croud or assembly. Thon's why the Greek owersetters went fur 'Ecclesiastes': 'ecclesia' is an assembly in Greek an in New Testament usage means the assembled believers, or the kirk. Wha wud gaither the fowk in sic a way but a Preacher or a Dominie? Sae ye will find 'Preacher' as the owersettin in a puckle places. Ithers hae jaloused that whit is gaithered is the contents o the buik itsel; the last verses suggest Qoheleth collected ensamples o wiceheid. 'Compiler' or 'Editor' wud be possible owersettins. I hae opted fur a straucht transcript o the Hebrew.

'Souch' is ma chice tae owerset the Hebrew *hebel*. There's nae single wurd in Scots or English tae match this. Its ruit meanin is a waff o air, a wee whiffle; somethin gane aamaist afore ye hae felt it, wi naethin left ahint. It taks oan mair abstract meanins an it is these maist owesettins try tae capture. The kenspeckle owersetting in the Authorized or King James version 'vanity' hes altered its meanin ower time. Even sae, it cairries a sense o moral disappruival no i the Hebrew term. Other recent owersettins hae suggestit '(utter) futility', 'emptiness' or 'useless', amang ithers. Nane o these maks the link tae the 'chasin o wind' that *hebel* implies.

Hebel also gangs haun in haun wi anither o Qoheleth's key wurds i the Hebrew: *yithron*. It is whit is left ahint, whit ye can grip ontae efter aa yer labour is ower; in Scots, the 'lave'. Aathing in Qoheleth's warld gangs in cycles, roond an roond, back tae whaut ut sterted, sae whit gain is there frae aa the effort o traipsin roond? Bide whaur ye are an ye'd hae the same ootcome. Whit mair dae ye hae noo that ye can grip ontae? Whit's the lave? Qoheleth concludes there is nane an that is a 'souch'.

I chose 'souch' as it is the soond a waff o air micht mak. It micht be the wind throu the trees but also a bodie lattin oot a sich from forfochenness, frustration, dule or resignation, but betimes frae the lowsin o tension. What Qoheleth caas *hebel* is impermanent as a sich but like it micht evoke any o monyfauld emotions. It is thon that I howp I hae catcht a glimmer o i ma owersettin.

Esther

1

Nou, this wis in the days o Ahasuerus, thon Ahasuerus that wis king frae India tae Ethiopia: a hunner an twinty-seiven provinces! In thae days, while Ahasuerus sat on the throne o his kingrick that wis in the fortress o Shushan, in the third year o his reign, he held a feast fur aa the princes an his ither sairvants, the heidmen o Persia an Media, the lairds an governors o aa the provinces whaur he hed owersicht. Mony days, deed a hunner an echty, were taen up wi him shawin aff the wechtie walth o his kingrick an the braw granderie o his michtiness.

Aince thae days were duin, he held a banquet fur seiven days in the garth o the gairden o the king's pailace fur aa the fowk wha fund themsels in the fortress o Shushan, war they heich or laich. Hingins o fine linen an oo, blue an white, stringit oan raips o byssus an purpie frae siller rods an pillars o marble, there were, wi divans o gowd an siller oan a pave o marble an porphyr, mither-o-pearl an wallie stanes. Drink wis sert in gowden bickers, bickers o aa paiterns: ryal wine, fittin fur a king. The rule fur drinkin wis 'Nae maun-dae!' fur the king hed bidden aa the stewarts o his hoosehaud tae ser ilka man as he fancied. Meantime, Queen Vashti held a banquet fur the weemen o King Ahasuerus' ryal pailace.

Oan the seiventh day, whan the king's hert wis merry wi wine, he telt Mehuman, Bizzetha, Harbona, Bigtha, Abagtha, Zethar an Carcas, the seiven eunuchs wha were the king's personal gillies, tae fetch Queen Vashti afore the king in her ryal croun fur tae shaw aff her beauty tae the fowk an the princes, fur she wis a weel-faured wumman. But Queen Vashti refuisit tae gang at the wurd o the king, haundit doon by the eunuchs. The king wis fair beelin an his anger bleezed up in him.

Than the king spak wi the wice men wha kent the lair, fur thon wis the king's wey in maitters o law an custom. Naurmaist tae him were

71

Carshena, Shethar, Admatha, Tarshish, Meres, Marsena an Memucan, the seiven ministers o Persia an Media wha cuid leuk oan the face o the king an were the hie heid yins in the kingrick. 'By the law,' quo he, 'whit's tae be duin wi Queen Vashti fur no heedin the word o King Ahasuerus haundit doon by the eunuchs?'

Than Memucan said, afore the king an the ministers, 'It's no juist the king that Queen Vashti hes affrontit, but aa the princes an aa the fowk in ilka province o King Ahasuerus. Fur the queen's message wull get oot tae aa the weemen that they sould despite their guidmen; they'll be sayin, "King Ahasuerus said tae bring Vashti the queen afore him, an she didna come." This verra day, the leddies o Persia an Media wha hae heard o Queen Vashti's daeins wull hae wurds wi aa the King's lairds, an there'll be nae end tae the snash an argie-bargie. Gin it seems guid tae the King, lat a ryal message be sent direck frae ye an lat it be written intae the laws o Persia an Media, sae it canna be unduin, that Vashti is tae come nae mair intae King Ahasuerus's presence, an lat the King gie her queenship tae anither wumman better nor her. Then the decreet that the king hes made wull be heard o throu the hale land, muckle as it is, an ilka wumman wull respect her husband, frae heich tae laich.'

This seemt guid coonsel tae the king an the ministers, sae the king did as Memucan hed said. Writs were sent tae aa the provinces o the king, tae ilka province in its ain script, an tae ilka fowk in its ain leid: 'Ilka man sould govern in his ain hoose an speak the leid o his ain fowk.'

2

Efter aa this, whan the king's anger hed cuilt, he caa'd tae mind Vashti, whit she'd duin an whit hed been decreet agin her. The king's sairvant lads said tae him, 'Lat virgin lasses, bonnie tae leuk on, be socht oot fur the king. Lat the king appint officials in ilka province o yer kingdom tae gaither aa the bonnie lasses at the fortress o Shushan, intae the Hoose o Wimmen, owerseen by Hegai, the king's eunuch, the gaird o the wimmen, an gie them their pents. Lat the lass wha is best in the king's een be queen in Vashti's steid.' This seemt guid coonsel tae the king, sae thon's whit he did.

A Jewish man wis bidin in the fortress o Shushan, nem o Mordecai, son o Jair, son o Shimai, son o Kish, a Benjaminite. He [Kish] hed been exilet frae Jerusalem in the group o exiles bainisht wi King Jeconiah o Judah whan he wis exilet by King Nebuchadnezzar o Babylon. He [Mordecai] wis foster-faither tae Hadassah (thon's Esther), his uncle's dochter, fur she hed naither faither nor mither. The lass wis weel-shapit an bonnie tae leuk on; on the deith o her faither an mither, Mordecai hed taen her fur his ain dochter.

Nou whan the king's order an decreet wis proclaimit an a wheen lasses gaithert in the fortress o Shushan, owerseen by Hegai, Esther wis taen intae the king's pailace an aa, owerseen by Hegai, the gaird o the wimmen. The lass leukit guid tae his eyes an wan his fauvor, sae he hastit tae gie her her pents an her dale, thegither wi the seiven haun-waled lasses frae the king's pailace, an he flittit them tae the best pairt o the Hoose o Weemen. Esther nivver lat daub aboot her fowk or her kin, fur Mordecai warnt her no tae tell. Day an daily Mordecai wid be walkin afore the coort o the Hoose o Weemen tae lear o Esther's weelfare an her daeins.

Whan it came the turn o this lass or thon tae gang tae King Ahasuerus at the end o the twal month decreet fur the weemen (fur this is hou the days were spent makkin them bonnie: sax months wi ile o myrrh, than sax months wi parfumes an weemen's pents; it wis efter that that the lass wid gang tae the king), onythin she socht wid be gien her tae tak frae the Hoose o Weemen tae the king's ludgins. At e'en she gaed, in the morn she cam back – tae a second Hoose o Weemen, owerseen by Shaashgaz, the king's eunuch, gaird o the concubines. She'd no gang tae the king again wi'oot he tuik a fancy tae her an caa'd fur her by nem.

Whan the turn cam fur Esther, dochter o Abihail (the uncle o Mordecai wha tak her tae his dochter) tae gang tae the king, she socht fur naething but whit Hegai, the king's eunuch, gaird o the weemen, said tae her. Yet Esther gained the fauvor o ilka ee that saw her.

Esther wis taen tae King Ahasuerus, in the king's ludgins, in the tenth month (thon's the month o Tebeth) in the seiventh year o his kingrick. The king lued Esther mair nor aa the ither weemen an she gained his grace an fauvor mair than aa the virgins. Sae he pit a ryal croun on her heid an made her queen in Vashti's steid. The king held a muckle feast fur aa his lairds an sairvants: 'The Feast o Esther.' He ordert a haliday fur the provinces an gied oot gifts fit fur a king.

Whan the virgins were gaithert a second time, Mordecai wis sittin at the king's yett. Esther hed nivver lat daub aboot her kin or her fowk, as Mordecai hed warnt her; Esther aye did whit Mordecai tellt her as she did whan he wis seein efter her. In thae days, whan Mordecai wis sittin at the king's yett, Bigthan an Teresh, twa o the eunuchs wha gairded the ingang, tuik a tirrivee an socht tae lay hauns oan King Ahasuerus. This becam kent tae Mordecai an he tellt Queen Esther an she spak tae the King, mentionin Mordecai's nem. The maitter wis speirt oot an fand tae be sae, an the twa were hangit up oan trees. This wis written in the daily buik o record in the presence o the king.

3

Efter aa this, King Ahasuerus fordert Haman, son o Hammedatha, the Agagite. He pit him forrit, seatin him aboon aa the ither lairds wha were wi him. Aa the king's sairvants wha were in the king's yett kneelt an boued doon tae Haman, fur sae the king hed commaundit anent him. But Mordecai didna kneel nor bou. Then the king's sairvants wha were in the king's yett said tae Mordecai, 'Hou dae ye no obey the king's commaund?' Whan they'd spoken tae him day an daily, an he widna list tae them, they telt Haman, tae see gin Mordecai's word wid staun; fur he'd telt them he wis a Jew.

Whan Haman saw there wis nae bouin or kneelin tae him oan Mordecai's pairt, Haman wis fou wi rage. But he thocht it wanwirthy tae lay hauns on Mordecai alane, fur he'd been telt whit fowk wis

Mordecai's; Haman ettled tae connach aa the Jews in aa the provinces o King Ahasuerus: Mordecai's fowk!

I the first month (the month o Nisan), in the twalt year o King Ahasuerus the *pur* (thon's the 'lot') wis cast afore Haman day by day, month by month [and it fell on] the twalt month, the month o Adar. Than Haman said tae King Ahasuerus, 'We hae ae fowk, scaittert an spreid amang aa the fowk in ilka province o yer kingrick, whase laws are unalike aa the ither fowk's, an wha dinna follae the king's law; it's nae gain tae the king tae thole them. Gin it seems guid tae the king, lat [an edict] be written tae dae awa wi them, an I'll pit ten thoosan siller talents intae the hauns o the kinrick's augents tae pit in the king's thesaury.' Than the king tuik the signet ring frae his ain haun an gied it tae Haman son o Hammedatha the Agagite, faeman tae the Jews. The king said tae Haman, 'The siller's yours, an the fowk, tae dae wi as seems guid tae ye.'

The king's screivers were caa'd thegither oan the thirteent day o the first month, an [an edict] wis written accordin tae aa Haman hed ordert tae the king's satraps, the governors o ilka province an the princes o ilka fowk, fowk by fowk, province by province, in their ain script, ilka fowk in their ain leid. The scrows o the edict were sent oot by rinner tae aa the provinces o the king, tae connach, murther an dae awa wi aa the Jews, young an auld, bairns an weemen, oan the ae day, oan the thirteent day o the twalft month (thon's Adar) an tae rype aa their gear. A copy o whit wis written wis tae be gien oot as law, province by province, an publicly ootset afore aa the fowk, sae they'd be ready fur this day. The rinners were sent oot at howdie haste oan the king's errant an the law wis gien oot in the fortress o Shushan. The king an Haman sat doon tae a feast, but the city o Shushan wis bumbazed.

4

Whan Mordecai kent whit hed been duin, he rent his claes an pit oan sackcloth an ess. He gaed throu the city an he grat fou sair an bitterlie, till he came afore the pailace yet; fur nane cuid enter the palaice yett cled in sackcloth. In province efter province that the king's edict an law won at, there wis muckle lamentin amang the Jews, wi fastin, greetin an makkin mane, an a hantle liggin in sackcloth an ess.

Whan Esther's lasses an eunuchs cam an tellt her, the queen wis fair pit aboot. She sent claes fur Mordecai tae weir sae he cuid pit his sackcloth by, but he widna hae them. Sae Esther caa'd fur Hathach, ane o the king's eunuch's he hed appintit tae see efter her, an sent him tae Mordecai tae ken the whit an whit fur o aa this. Hathach gaed oot tae Mordecai in the city square afore the pailace yetts; Mordecai tellt him aa that hed befaa'en him an the hale tale o the siller that Haman said he wid pey tae the king's thesaury. He gied him a written copy o the law that hed been gien oot in Shushan tae dae awa wi them. He gied it him tae shaw tae Esther, inform her aa aboot it an tell her tae gang tae the king, win his fauvour and, in his presence, beseek him on behauf o the fowk.

Whan Hathach cam an tellt Esther whit Mordecai said, Esther spak tae Hathach an ordert him back tae Mordecai [wi this missage]: 'Aa the king's sairvants an the fowk in the king's provinces ken that gin ony man or wumman gaes intae the king's presence in the benmaist coort, wioot he's caa'd fur them, there's but the ae law; pittin tae deith. Anely gin the king hauds oot the gowden sceptre tae him can he live. Nou I haena been caa'd tae gang afore the king this past thirty days.'

Whan Mordecai wis tellt whit Esther hed said, he said this, tae be sent back tae Esther: 'Dinna think tae yersel that, oot o aa the Jews, the king's hoosehaud wull win free. Sae, gin you haud yer wheesht at this time, relief an aid wull come tae the Jews frae some ither airt? Wha kens but that it's fur a time like this ye cam tae be queen?'

Then Esther said this, tae be sent back tae Mordecai: 'Richt; gaither aa the Jews tae be fund in Shushan, an fast fur me; dinna eat, dinna drink fur three days, nicht an morn. Ma lasses an I wull fast this wey an aa. Sae wull I gang tae the king, agin the law tho it be; gin sicweys I'm tae perish, perish I wull!

5

Oan the third day, Esther pit oan her queenlie finery an tuik her staun in the benmaist coort o the king's pailace, facin the king's ludgins, while the king wis sittin oan his throne in the ryal chaumer, facin the ingang o the pailace. As suin as the king saw Queen Esther staunin in the court, she won fauvour in his een. He held oot tae Esther the gowden sceptre that wis in his haun an Esther cam naur an titched the tip o the sceptre. The king said tae her, 'Whit ails ye, Queen Esther, an whit are ye seekin? Up tae hauf the kinrick an it's grantit tae ye.' An Esther answert, 'Gin it seems guid tae the king, lat the king an Haman come tae the feast I've hed readiet fur ye the day.' The king said, 'Steer up Haman tae dae as Esther's said.' Sae the king an Haman cam tae the feast Esther hed readiet.

At the feast (o wine!) the king said tae Esther, 'Whit are ye ettlin efter? It's grantit tae ye. an whit are ye seeking? Up tae hauf the kinrick an it's duin.' Esther answert, 'Whit I'm ettlin efter . . . whit I'm seekin . . . if I have fund fauvour in the king's een, an if it seems guid tae the king tae repone tae me an dae whit I seek . . . lat the king an Haman come tae the feast that I'll readie fur them an I'll dae the king's biddin the morn.'

Haman left that day blithe an hertsome, but whan he saw Mordecai in the king's yett an he didna rise, lat alane tremmle acause o him, Haman wis fou wi rage at him. Naetheless, he held hisself in an gaed hame. Than he sent fur his freends an his guidwife Zeresh. He ramed oan aboot his muckle walth, his mony sons an hou the king hed pit him forrit an fordert him aboon aa the princes an the king's sairvants. 'Whit's mair,' Haman gaed oan, 'did Queen Esther no bid the king tae a feast, an held it wi naebody else there but me? an the morn an aa, it's me she's caa'd fur alang wi the king. But aa this disna mean a thing tae me ilka time I see thon Mordecai the Jew sittin in the pailace yett.' Than his guidwife Zeresh an aa his freends said tae him, 'Hae a stake pit up, fifty cubits heich, an the morn speak wi the king an hae Mordecai hangit frae it. Than ye can gang wi the king tae the feast an enjey it.' This seemed good coonsel tae Haman an he hed the stake pit up.

6

That nicht, sleep flitted oan the king; he hed the daily record o his daeins brocht an it wis read tae the king. There it wis fand written that Mordecai hed informt oan Bithana an Teresh, the twa eunuchs o the king gairdin the ingang, wha socht tae lay hauns oan King Ahasuerus. The king said, 'Whit's been duin tae rewaird or pit forrit Mordecai fur this?' 'Fient a thing hes been done fur him,' said the lads attendin him. 'Wha's in the coort?' spiert the king. Fur Haman hed juist come intae the ooter coort o the king's ludgins, tae speak tae the king anent hingin Mordecai oan the stake he'd readiet fur him. The king's lads said tae him, 'Leuk it's Haman staunin in the coort.' 'Lat him come in,' said the king.

In cam Haman, an the king spiert at him, 'Whit sould be duin fur a man the king ettles tae rewaird?' Haman said tae hissel, 'Wha wid the king ettle tae rewaird mair than me?' Sae Haman said tae the king, 'The man the king ettles tae rewaird? Lat ryal robes the king hissel hes worn be brocht, an a horse the king hes ridden hissel, wi a ryal diadem oan its heid; lat the robes an the horse be gien intae the care o ain o the king's gallants. Than lat the man the king ettles tae rewaird be cled an paraudit oan the horse throu the city square an lat them proclaim afore him: "This is whit's duin fur the man the king ettles tae rewaird!"' Then the king said tae Haman, 'Steer yersel; get the claes an the horse as ye said an dae juist this fur Mordecai the Jew, wha sits in the king's yett. Dinna leave oot ae word o aa ye've said.' Sae Haman tak the robes an the horse, cled Mordecai an paraudit him throu the city square. He proclaimed afore him, 'This is whit's duin fur the man the king ettles tae rewaird!'

Then Mordecai gaed back tae the king's yett while Haman hastit hame, murnin an wi his heid kivert. There Haman tellt his guidwife Zeresh an aa his freends aa that hed befaa'en him. The wice anes an his guidwife Zeresh said tae him, 'Gin Mordecai, afore wham ye've begoud tae dwine, is o Jewish strind, than ye'll no can ootdae him; ye'll dwine an dwinnle awa afore him.' As they were speakin tae him, the king's eunuchs cam an brustlet Haman awa tae the feast that Esther hed readiet.

7

Sae the king an Haman cam tae feast wi Queen Esther. an the king speirt at Esther aince mair oan the seecont day o the wine feast: 'Whit are ye ettlin efter, Queen Esther? It's grantit tae ye. An whit are ye seeking? Up tae hauf the kinrick an it's duin.' Queen Esther answert, 'Gin I hae fund fauvour in yer een, o King, an gin it seems guid tae the king, gie me ma life – thon's whit I'm ettlin efter – an ma fowk – thon's whit I seek. Fur we hae been selt, ma fowk an I, tae be connacht, murthert an duin awa wi. Gin we were but selt as slaves, men an weemen, I wid hae helt ma wheesht, fur the dule widna be wirth fashin the king.'

King Ahasuerus spak up. He said tae Queen Esther, 'Wha's this an whaur's he at, the ane that wis sae frawart as tae dae this?' Esther ainswert, 'The faeman, the enemy, is this ill-deedy Haman!' Haman wis agast afore the king an queen. The king in his ragin breenged frae the feast tae his pailace gairden, while Haman steyed tae beseek his life frae the queen, fur he saw that the king hed decidit an awfu weird fur him. Whan the king cam back frae the palaice gairden tae the chaumer o the feast, Haman wis in the act o faain ontae the divan whaur Esther wis lyin. The king cryit, 'Wid he raivish the queen an aa, wi me in the chaumer?' As the words left the king's mou, Haman's face wis kivert.[1] Then Harbonah, ane o the eunuchs waitin oan the king, said, 'Whit's mair, leuk! The stake that Haman pit up fur Mordecai – wha spak fur the king's guid – is staunin at Haman's hoose, aa fifty cubits o it!' The king said, 'Hing him frae it!' Sae they hangit Haman oan the stake he hed pit up fur Mordecai, an the king's anger cuilt.

8

The sel-same day, King Ahasuerus gied the hoosehaud o Haman, faeman tae the Jews, tae Queen Esther. Mordecai cam afore the king fur Esther hed telt him whit he wis tae her. The king tuik aff the ring

---

1   The Hebrew is clear, but naebody kens juist whit happent here. Did the king's lads pit a cloot oan Haman's face as a sign that he wis tae be executit? Did Haman dae it oot o shame or fear? Whitever the custom, the sense is no faur tae seek – Haman's weird is sealt.

that he hed taen back frae Haman, an gied it tae Mordecai. Esther pit Mordecai ower Haman's hoosehaud.

Esther spak again tae the king, faain at his feet, greetin an beseekin him tae prevene the ill schame Haman the Agagite hed planned agin the Jews. The king held oot the gowden sceptre tae Esther, an Esther rase an stuid afore the king. She said tae the king, 'Gin it seems guid tae the king, an gin I hae fand fauvour in yer een an the maitter seems richt tae ye an I am guid in yer een, lat it be pit in writin that the scrowes anent Haman's schame, whilk he wrote tae dae awa wi the Jews in ilka province o the king, are rescindit. Fur hou can I thole seein the ill that wull befaa ma ain fowk! Hou can I thole seein the ruinage o ma kin!'

Than King Ahasuerus said tae Queen Esther an Mordecai the Jew, 'Leuk, I hae gien Haman's hoosehaud tae Esther an he wis hangit frae the stake fur raisin his haun agin the Jews. Nou you twa write as seems guid in yer ain een, in the king's nem an sealt wi the king's ring. Fur an edict written in the king's nem an sealt wi the king's ring canna be rescindit.'

Sae the king's screivers were caa'd fur richt than, oan the twinty-third day o the third month (thon's the month o Sivan) an they wrote aa as Mordecai ordert; tae the Jews, then tae the king's satraps, governors an princes o the hunner an twinty-sieven provinces, frae India tae Ethiopia; province by province in their ain script, fowk by fowk in their ain leid an tae the Jews in their ain script an leid. He hed them written in the nem o King Ahasuerus an sealt wi his ring.

Letters were sent oot wi riders oan horses frae the ryal postal service, affspring o the ryal stud, as follaes: 'The king hes alloued the Jews o ilka city tae gaither an staun firm fur their lives. They can connach, murther an dae awa wi the airmy o ony fowk or province that attacks them, bairns an weemen an aa, an rype their gear – oan ae day in aa the provinces o King Ahasuerus: oan the thirteent day o the twalft month (thon's Adar).' A copy o whit wis written wis tae be gien oot as law, province by province, an publicly ootset afore aa the fowk, sae the Jews wid be ready fur that day tae venge themsels oan their enemies. The riders, oan ryal horses, were sent oot at howdie haste oan the king's errant an the law wis gien oot in the fortress o Shushan.

Mordecai left the king's presence in ryal robes o blue an white, wi a muckle croun o gowd an a plaid o fine linen an purpie byssus. The city o Shushan heucht an cheert! Fur the Jews, aa wis licht, jey, gledness an honour. In province efter province, city efter city, whauriver the king's edict an law cam, there wis gledness an jey amang the Jews, feastin an haliday. Mony fowk o the kinrick makkit oan they were Jews, fur the fear o the Jews hed faaen oan them.

9

Sae, in the twalft month (thon's the month o Adar), oan the thirteent day, whan king's edict an law cam intae force, the verra day that the enemies o the Jews howpit tae owergang them, aa went tapsalteerie an it wis them the Jews owergaed. They gaithert in their cities aa thro the provinces o King Ahasuerus, tae hit back at them that socht tae hairm them; nane cuid forstaun them, fur the fear o them hed faaen oan aa the fowk. Aa the king's governors o the provinces, the satraps, the agents o the king, aa upheld the Jews, fur the fear o Mordecai hed faaen oan them. Fur Mordecai wis nou a great man in the king's hoosehaud; his fame spreid throu aa the provinces, fur the man Mordecai wis gettin mair an mair pouerfu. Sae the Jews strack at their enemies wi the swuird, murtherin an slauchterin, returnin the fauvor tae them that hatit them.

In the fortress o Shushan itsel, the Jews slaw five hundert men. Mairower, they slaw Parshandatha, Dalphon, Aspatha, Poratha, Adalia, Aridatha, Parmashta, Arisai, Aridai an Vaizatha, the ten sons o Haman son o Hammedatha, faeman tae the Jews. But they didna lay hauns on the gear. That sel-same day, the coont o them slain in the fortress o Shushan cam tae the king's notice. The king said tae Queen Esther, 'In the fortress o Shushan alane, the Jews hae slain an duin awa wi five hunner men an the ten sons o Haman; whit maun they hae wrocht in the rest o the ryal provinces! Whit are ye ettlin efter, Queen Esther?

It's grantit tae ye. An whit are ye seekin? It's duin.' Esther said tae the king, 'If it seems guid tae the king, let the Jews o Shushan act the morn accordin tae the edict fur this day; an lat Haman's ten sons be hingit frae the stake.' The king ordert this tae be duin an the edict wis gien oot in Shushan. Haman's ten sons were hingit up. The Jews in Shushan gaithert aince mair on the fowerteent day o Adar an slaw three hundert men in Shushan, but they didna lay hands oan the gear.

The rest o the Jews, in the ryal provinces, gaithert an stood firm fur their lives an were relieved o their enemies. They slaw seventy-five thousand o their faes, but they didna lay hauns oan the gear. Thon wis oan the thirteent day o the month o Adar; an they restit oan the fowerteent day an made it a day o feastin an rejycin. The Jews o Shushan gaithert on baith the thriteent an fowerteent days, sae restit oan the fifteent, an made it the day o feastin an rejycin. Thon's hou the provincial Jews, them that live in provincial cities, keep the fowerteent day o the month o Adar an make it a day o rejycin an feastin, a haliday whan they send gifts tae ane anither.

Mordecai wrote doon thir events an sent scrowes tae aa the Jews aa throu the provinces o king Ahasuerus, naur an faur, obleegin them tae keep the fowerteent an fifteent days o the month Adar ilka year, as on the days whan the Jews were releivit o their enemies an the month turnt tapsalteerie fur them frae dule tae jey an murnin tae haliday. They were tae mak them days o feastin an rejycin an sendin gifts tae ane anither, an giein tae the puir. The Jews acceptit this that they hed begoud tae dae onywye in line wi whit Mordecai hed written.

Fur Haman son o Hammedatha the Agagite, faeman tae the Jews, hed schamed tae dae awa wi the Jews an hed cast *pur* (thon's the 'lot') tae crush an connach them. But whan she cam afore the king, he said, 'By this decreet, lat this wickit schame that he thocht up agin the Jews come back his ain heid. Sae they hangit him up, him an his sons, oan the stake. Thon's hou the days were cried 'Purim', efter *pur*.

Sicweys, acause o aa that wis said in this letter an whit they hed seen o aa this an whit hed befaa'en them, the Jews tuik oan the obligation fur themsels, their affspring an aa wha micht jyne them, wi nae joukin oot, tae keep thir twa days ilka year as it wis written an at the fittin time. Thir days are mindit oan an celebrated in generatioun efter generatioun, faimily efter faimily, province efter province, city efter city. Thir days o Purim wull nivver cease amang the Jews, an their memory wull no end amang their affspring.

Than Queen Esther dochter o Abihail, alang wi Mordecai the Jew, wrote wi aa authority tae confirm the Purim letter. This wis the second ane: scrows were sent tae aa the Jews in the hunner an twinty-seiven provinces o the kinrick o Ahaseurus, words that were healin an true, requiring thir days o Purim [be kept] at their richt time, as Mordecai the Jew hed laid oan them, an nou Queen Esther [wis confirmin], juist like they hae takken oan themsels an their affspring whit wis prescrivit fur the fasts wi their murnin. Esther's statement confirmin whit wis prescrivit fur Purim wis written in a scrow.

10

King Ahasuerus imposit forcet laubour oan the laund an the isles. Arena aa his michty an pouerfu deeds, an the heichs o greatness that he rased Mordecai tae, written in the buik o the deeds an days o the kings o Media an Persia? Fur Mordecai the Jew wis second anely tae King Ahasuerus an great amang the Jews. He wis faur ben wi the feck o his brethren. He socht the guid fur his fowk an spak up fur the welfare o a their affspring.

Efterspiel

The buik o Esther is ane o anely twa buiks i the Hebrew Bible nemmed efter a wumman, the ither bein Ruth. It is an orra buik i mony weys. Fur a start, it exists in a nummer o versions. The owersetting here is o the Hebrew text but even in auncient times fowk seemed tae hae problems wi this version. Fur ae thing, God is nivver mentioned; nae mair are Jewish law an traditions whaur ye micht expect them. Sae there are sax auncient 'additions' tae Esther in Greek designt fill sic gaps. These are includit i the Greek version o the hale buik that is pairt o the Septuagint, the auncient Greek owersettin o the Jewish Scriptures, but that version differs frae the Hebrew in a number o ither weys an aa. Modern bibles wi the Apocrypha aften include a owersettin o the hale Septuagint version i that category, sae Esther is the anely buik that appears twice.

Here, tho, we are anely haein tae dae wi the Hebrew text. It hes some elements o common fowk tales o the brave resistance o an oppresst fowk agin its conquerors wi the unlikely hero bein a douce furrin wumman wha disna juist rise tae become queen but cannily maks uiss o her pooer tae rescue her fowk frae the threit o destruction. Like mony sic tales, it hes a vein o humour rinnin throu it. Its characters are aamaist caricatures, limned oot wi exaggeratit features: the furrin king wi his extravagant weys wha, fur aa his pooer, is thirled tae ilka demand frae his queen; the braigy villain, wha thinks he's that cliver but wha aye gets fankled in his ain trap. Ye're alloued tae lauch at sic a buik, Bible or no.

Some modern tastes are ill at ease wi the vengefuness o the endin o the buik an, gin ye read it as a model fur action, thon's a mensefu caution. As a tale, houever, auncient audiences wantit tae see the heroes get upsides wi the villains. When the carline in Hansel an Gretel gets cowped intae the oven, aabody cheers; mebbe no morally defensible, but human. Ithers question Esther's role; does the tale tell young lasses that the wey tae success is tae uiss their beauty tae win a pooerfu man? But whit wud be her alternative in an auncient coort? Queen Vashti is noo biggit up fur no appearin tae be gauped at at her man's feast: richt eneuch, but she didna save a hale fowk. Fur aa that it is a biblical buik, Esther is a verra human tale. Aa five o the Scrolls are stertlinly honest as tae human failins an hou fowk seeminly can neither live wi God or wi'oot him, faain intae aa kins o fankles as they warstle wi this paradox.

See
www.handselpress.co.uk
fur ither buiks, maistly in English